슬기로운
부모수업

슬기로운
부모수업

초판 1쇄 인쇄 2018년 5월 18일
초판 1쇄 발행 2018년 5월 28일

지은이 구은미

발행인 백유미 조영석
발행처 (주)라온아시아
주소 서울시 서초구 효령로 34길 4, 프린스효령빌딩 5F

등록 2016년 7월 5일 제 2016-000141호
전화 070-7600-8230 **팩스** 070-4754-2473

값 14,000원
ISBN 979-11-89089-15-3 (03370)

아이의 가능성을
키우고 싶은
부모를 위한 코칭 30

구은미 지음

슬기로운
부모 수업

RAON
BOOK

아이를 키우는 사람이 모두 '부모'는 아닙니다

세상에 변하지 않는 것은 없다. 그중에서도 부모와 자녀라는 역할과 그에 따르는 책임과 의무, 자녀 인생에 개입하는 범위는 사회 변화 이상의 초고속 변화가 일어나고 있다. 그 변화는 개인적 환경과 성향에 따른 영향도 있지만, 그보다는 사회 패러다임 변화와 사회 발전 과정에서 이슈화되는 주제, 전문가들이 주장하고 만들어내는 트렌드 trend의 영향을 받는다.

하나의 현상이 트렌드가 되고 사회 일반 현상이 되면 사람들은 그 트렌드에 따라가야 할 것 같은 불안을 느끼게 된다. 트렌드에 따라 그렇게 해야 한다는 생각이 일반화되면 사람들은 그것이 당연하다고 생각하고 그에 따라 행동하게 되며, 다시 그 행동들은 일상화된다.

이러한 트렌드의 변화는 특히 인간의 전 생애에 걸쳐 가장 큰 영향을 끼치는 부모 자녀 관계에서 부모에게도 아이에게도 트렌드에 적응해야 한다는 과제를 준다. 또 적응 과정에서 크고 작은 부정적인 스트레스를 받게 해 부모의 역할과 기준에 혼돈과 혼란을 만들어낸다.

우리는 언론이나 책을 통해 자녀를 성공시킨 부모 이야기, 아이 학습법 훈련, 아이 집중력 향상법 등 다양한 자녀 양육 관련 정보들을 수없이 접한다. 새로운 교육 방향이나 방법도 계속 쏟아져 나오고 있다. 그런데 이 많은 정보 중에서 정작 부모가 변화를 받아들이고 적용할 만한 것들은 그다지 많지 않다.

자녀의 성장 과정에서 아이가 할 수 있는 것들보다 선행되어야 할 것은 부모라는 존재가 '진정 무엇을 의미하는지' 이해하는 것이다. 또한 아이들에게 무엇인가를 하려고 하기 전에 부모가 무엇을 해야 하고, 할 수 있는지에 대해 이해하는 것이 먼저다.

부모는 아이를 어떻게 성장시키겠다는 것을 목표로 삼기 전에 스스로가 어떤 부모가 되기를 원하는지 생각해야 한다. 어떤 부모가 될 것인지 방향을 설정하고, 그에 바탕을 둔 부모의 배움과 성장, 부모로서의 결단과 희생에 대한 나름의 원칙과 철학을 가지고 있어야 한다.

 그러한 목표는 아이의 성장에 대한 개입 이전에 부모로서 자신이 무엇을 준비해야 하는지 구체적인 방법과 정보를 탐색하게 하며, 아이의 양육 과정에서 조금은 의연하게 대처할 수 있게 할 것이다.

 최근 한국 사회에서는 부모의 역할과 양육자의 역할이 이분화되고 있다. 조기에 어린이집이나 유아원, 유치원에 보내기도 하고, 조부모에 의한 양육 등 다양한 형태로 양육이 이뤄지고 있다.

 그러다 보니 부모보다 부모 외의 주변인, 어린이집·유아원·유치원 교사, 조부모, 제3의 양육자 등이 아이의 특성이나 문제점, 강점, 장애 요소 등에 대해 더 구체적으로 알고 있는 경우가 있다. 부모가 아이의 상황에 대해 주변인에게 정보를 듣게 경우도 의외로 많다.

 예전과 달리 한 가정 안에서가 아니라 유치원 등 일관되지 않은 아이의 초기 양육 환경은 가족 간 소통의 부재와 아이의 성장 과정에서 정체성과 가치관을 형성하는 데 혼란과 혼돈을 일으킬 수 있고, 이는 아이의 부적응 원인이 될 수 있다.

 이 책에서는 사회 변화 속에서 부모가 선택하고 결정해야 할 것들

머리말

에 관해 살펴보면서 부모 스스로 자신을 들여다보고, 부모로서 어떤 역할을 해야 할지, 아이에게 신뢰를 주려면 어떻게 행동해야 하는지 나누고자 한다. 이 책이 부모라는 무거운 짐을 조금 가볍게 하고 아이와의 행복한 시간을 만들어가는 데 도움이 되기를 바란다.

2018년 5월

구은미

차례

1장 why
왜 부모에게 선생님이 필요한 시대인가?

5장 How to ③ 아이의 기적을 일으키는 부모 공부

1장

why

왜 부모에게
선생님이
필요한 시대인가?

당신은 아이의 '양육자'인가, '부모'인가?

부모란 무엇인가?

부모라는 단어 하나만으로도 우리는 푸근함과 풍요 그리고 안락과 평온한 어감을 느낀다. 그런데 이 '부모'라는 단어와 '나'라는 단어가 더해진 '부모로서의 나'를 생각하면 왠지 마음 한가운데 책임감과 의무감으로 중압감이 느껴지고, 거기에 더해 미안함과 애잔함이 함께 다가온다.

부모는 말 그대로 진정한 애착을 지니고 나 이상의 그 무엇을 위해 헌신하고 정성과 사랑을 쏟아내는 역할을 통해 세상에 더없이 존귀한 존재를 창조해 나아가는 사람, 세상에 수없이 많은 역할 중 특별히 인간의 탄생에서 마지막 순간까지의 의식에 가장 큰 영향을 끼치는 사람이다.

영국의 철학자 로크John Locke는 인간은 마치 '백지상태tabula rasa'로 태어나서 환경으로부터 주어지는 경험에 의해 인간의 본성이 형성되고 발달이 이뤄진다고 보았다.

부모와 아이가 적기에 함께하는 시간의 양은 부모에 대한 신뢰를 강화시킨다. 부모와 애착 형성이 잘 안 돼 신뢰 형성이 원만하지 않으면 사회 부적응이나 타인과 사회에 대한 불신을 증가시킬 수 있다. 무엇보다 적기에 이뤄지지 못한 아이에 대한 관심과 집중, 애착과 사랑을 통한 정서적 유대의 결핍은 아이의 인생 전반에 부정적인 영향을 끼치게 될 수 있다.

이와 관련해 정신분석학자인 존 볼비John Bowlby는 엄마는 아이의 욕구를 민감하게 알아채서 반응하는데, 이런 '민감성Sensitivity'이 애착의 질에 결정적인 역할을 한다고 하였으며, 런던대학교 심리학 교수 피터 포나기Peter Fonagy는 아이가 태어난 후 1,000일 동안 관심을 기울인다면 그 아이가 앞으로 살아갈 인생에 큰 도움이 될 것이라고 했다.

갑자기 부모가 되는 경우, 간절히 원해서 부모가 되는 경우 등 부모가 되는 경로는 다를 수 있다.

부모가 된다는 것은 참 감사한 일이다. 아이를 성장시키는 일은 새로운 존재의 변화와 성장에 동참해 세상의 존속에 가치와 의미를 만들어가는 엄청난 기회다.

그러나 한편으로 부모가 되는 것은 참 힘든 일이기도 하다. 한 사람의 인생에 큰 영향을 끼치기 때문이다.

부모가 끼치는 영향은 아이를 어떻게 하는 것이 아니라 아이가 어떻게 할 수 있도록 하는 것이다. 부모인 내가 원하는 무엇인가가 아닌 아이가 원하는 바람직하고 가치 있는 일들에 대해 그렇다고 말해주고 표현해줄 준비를 하고 또 그렇게 실천하는 것이다.

부모는 아이의 성장과 변화와 발전을 위해 모든 것을 내려놓을 수 있어야 한다. 내려놓는다는 것은 부모가 되면 자신을 잃어버린다거나 소외된다는 의미가 아니다.

부모가 내려놓아야 할 것은 내 욕심, 내 기대, 그리고 내가 원하는 어떤 상태로 만들기 위한 강압적인 틀 등이다. 아이에 대한 지나친 기대와 강압적인 틀을 내려놓으려면 부모 스스로가 자신을 인정하고 받아들이는 것부터 시작해야 한다.

그렇다면 나는 그 강압적인 틀을 내려놓고 정말 아이를 존중하고 독립된 존재로서 인정하고 그 아이가 가지고 있는 가능성을 세상에 펼치도록 어떤 것들을 배려하고 있는지 한번 생각해보자. 내가 그렇게 하고 있다면 나는 정말 참된 부모의 역할, 내려놓은 부모의 역할을 해나가고 있는 것이다.

부모는 아이의 비전을 함께하고 공유할 수 있는 사람이다. 부모는 자신의 비전이 아닌 아이의 비전을 들어줄 준비가 되어 있고, 아이가 부모에게 자신의 비전과 가능성을 공유하고 싶어지게 만드는 사람이다.

부모는 아이를 키우면서 크고 작은 문제에 부딪히게 된다. 그 해결 과정에서 부모는 아이와 같은 편이 되어 헤쳐나가고, 아이가 미래의 인재로 성장해갈 수 있도록 모든 것을 내려놓을 수 있다는 각오와 다짐 그리고 기다림과 인내로 함께하는 사람이다.

부모는 책임과 의무로 부모의 역할을 하는 것이 아니라 사랑과 존중으로 부모 역할을 해야 한다. 그런데 언젠가부터 '내가 먼저', '나 먼저'라는 생각들이 사회에 공식화·이슈화되어가면서, 점점 부모인 내가 좋아하는 것, 내가 되고 싶은 것, 내가 하고 싶은 것들을 아이에게 종용하고 내가 귀찮아하는 것을 피하게 되었다. 이것은 나도 모르게 내 아이의 삶을 착취하는 것이다.

이렇게 하면 아이는 자신의 실존적 가치를 만나기보다 그림자만을 만나게 된다. 가족이라는 관계 내에서도 부모와 아이는 정적인 커뮤니케이션보다는 목적적인 커뮤니케이션을 더 많이 하게 된다.

"너를 위해" 또는 "네가 잘 되기를 간절히 바라는 마음에서"라고 부모는 흔히 말한다. 그런데 정말 그런지, 아이를 위해서가 아니라 부모 자신을 위해서는 아닌지 되돌아봐야 한다.

내가 어떤 부모의 역할을 하는가에 따라 아이는 세상에 오직 하나밖에 없는 아주 귀한 존재로, 그리고 세상에 선한 영향력을 끼치는 매우 가치 있는 존재로 자랄 수 있다.

부모의 역할이 어디까지인지 '맞다, 틀리다'로 공식화할 수는 없다. 그러나 최소한 나 아닌 다른 존재의 삶을 내 틀에 넣는 것만큼은 내려놓아야 하지 않을까? 그렇지 않으면 우리는 영원히 우물 안 개구리로 지내며 내 아이를 세상이 원하는 인재로 키우는 데 제한을 가할 수밖에 없다.

아이는 분명 세상이라는 무대에 나설 하나의 존재다. 세상에서 우뚝 설 수 있는 충분한 가능성과 잠재력을 지니고 있다. 그런데도 그렇게 살아가지 못하도록 하는 장애물은 과연 무엇일까? 부모가 자신의 우물에 아이를 가두어 우물 밖을 상상하는 것조차 불가능하게 하고 있지는 않은가 한번 생각해봐야 한다.

바뀌고 있는 부모의 의미

사람은 누구나 존중받고 인정받기를 원하고, 한 사람으로서 존경받고 수용되기를 바란다. 특히 가족 관계 내에서는 그 욕구가 더욱 강하다. 그러한 욕구로 인해 가족 관계 내에서, 특히 부모와 자녀 관계에서 더 많이 상처받고 또 상처를 주기도 한다.

아이로부터 존중받기를 원하지 않는 부모가 과연 있을까? 존경까지는 아니더라도 최소한 부모로서 내 아이로부터 존중받고 싶은 것은 당연하다. 내 아이도 부모로부터 자신의 가치를 인정받고자 다양한 형태로 자신을 표현한다. 그런데 현대의 부모나 아이들은 서로가 서로에게 무엇을 하고 있는지조차 알아차릴 수 없을 만큼 바쁜 일상을 살아가고 있다.

존중이란 존재로서 그 귀함의 가치를 인정하고 인정받는 것이다. 그런데 요즘 부모는 아이에게 무엇인가 끝없는 과제를 요구하고, 아이는 부모에게 끝없는 사랑을 갈구하는 관계가 되었다. 서로에 대한 존중이나 인정에 대한 의미와 그 가치가 어느 한 귀퉁이에 있는 것인지조차 망각한 채 살아갈 때도 있다.

시대의 변화는 부모의 역할은 물론 그 범위에까지 변화를 일으켰다. 최근 그 역할의 범위가 모호해지는 현상이 여기저기서 나타나고 있다.

"나는 아이의 양육자인가 부모인가?" 누군가가 이렇게 묻는다고 생각해보자. 조금은 엉뚱하고 의아한 질문이라고 생각할 수 있다. 또는 '같은 얘기 아닌가' 하는 의문이 생길 수도 있을 것이다. 그렇다. 그러나 같은 의미이기도 하고 다른 의미이기도 하다.

지금부터 양육자는 무엇을 의미하며, 부모란 무엇을 의미하는지 좀 더 깊게 생각해보자. 양육자란 아이를 양육하는 사람, 말 그대로 아이를 키워가는 또는 보조하는 사람이라고 사전적으로는 정의된다. 즉 양육이라는 것은 키우는 사람을 의미하므로 꼭 부모에게만 해당하는 것이 아니라, 사전에 정의된 것처럼 한 아이의 성장을 위해 보살피고 그 과정에 필요한 무언가를 제공하는 일이다. 그런 일을 하는 사람을 모두 양육자라 하겠다.

요즘에는 부모의 사회 활동이 증가하면서 아이들은 어렸을 때부터 어린이집에서 많은 시간을 보내며 부모와 깊은 의사소통이 결렬되거나 의사소통을 학습하는 단계에서부터 일관성의 부조화를 경험하게 되었다. 시간에 쫓기는 부모는 아이에게 좀 더 집중해 의사소통하기보다는 바로 해결할 수 있는 즉각적이고 강력한 해결 방법을 선택하게 되는 경우가 많다.

공공장소에서 흔하게 접할 수 있는 예로, 가족 단위의 외식을 하는 경우 어린아이들은 대체로 앉아서 자신의 몸을 가눌 수 있는 정도만 되면 스마트폰으로 무엇인가를 보고 있다. 부모가 아이를 통제하거나 제재하기 위해 보여주는 것이다. 물론 스마트폰은 그 어느 것보다 빠르고 효과적인 통제 수단이다.

이처럼 부모가 양육에서 과정보다는 효과에 집중하고, 부모가 하는 직접 개입보다는 간접 개입을 통해 효과를 극대화할 방법을 선택하는 경우도 적지 않다.

야근, 회식 등이 많은 직장 생활과 사회 구조는 부모가 지금 내 아이와 할 수 있는 많은 것을 포기하게 만든다. 이는 부모 역할의 범위에도 영향을 끼치고 있다. 그 영향들은 아이가 성장하여 성인이 된 후에도 부모가 개입하여 해결해야 할 더 많은 자녀 문제에 봉착하게 되고 해결되지 않은 문제는 다시 사회 문제로 이어질 가능성을 높이게 된다.

미래의 기술, 정보, 로봇 등의 물적·기계적·시스템적인 발전이 가속화되는 사회는 부모와 아이의 깊은 유대 관계를 형성하기 위해 더 많은 집중과 관심을 기울여야 한다. 이것이 지금부터의 부모 역할의 중심이다. 이제는 아이들을 키우기만 하는 것만으로는 진정한 부모의 역할을 하고 있다고 할 수 없는 시대다. 그럼에도 언제부터인가 부모의 역할과 양육자의 역할 중 양육자의 역할에 더 비중을 두게 되었다.

부모가 곧 양육자이고 양육자가 곧 부모다. 이 역할이 이분화되는 순간, 부모는 내가 부모이니 아이에게 필요한 것을 채워줘야 하고 아이가 남에게 뒤처지지 않도록, 다른 아이보다 우수한 아이로 키워야 한다는 책임과 의무를 앞세우게 된다. 이 때문에 아이를 위해서가 아니라 부모로서 인정받고자 하는 욕구가 앞서게 된다. 아이를 이해하거나 관심을 기울이는 것보다 부모의 욕구가 먼저가 되는 것이다.

내 아이의 성적이나 성격 또는 내 아이의 외모가 부모의 자존심이 되었다. 이를 통해 좋은 부모, 괜찮은 부모라고 주위로부터의 인정을 받으면 자신이 부모로서 존중받고 있다고 느끼게 된다.

부모 자신이 인정받고 존중받고 있다는 만족도는 아이가 해야 할 것들에 더 많이 집중하고 몰입하게 만든다. 부모가 아이를 위해 무엇을 함께하는 것이 아니라 부모로서 내 아이를 내가 바라는 기대와 틀, 의도에 집어넣으려고 하게 되는 것이다. 우리가 흔히 얘기하는 부모 욕심이 생기고 그것은 다시 덩어리로 변하는 것이다.

부모는 말한다.

"아이를 위해 부모인 내가 이렇게 노심초사하고 있어!"

그런데 어쩌면 이것은 아이를 위한 것이 아니라 부모인 나를 위한 것은 아닐까?

내 아이가 잘했을 때는 "어! 내 아이가 최고야!", "우리 아이가 이래요!"라고 여기저기서 이야기하고 싶을 것이다. 그런데 내 아이가 실수하거나 넘어져 있다면 "내 아이가 이래요!"라고 이야기하지 못한다. 그 이유는 무얼까? 아이의 실수를 이야기하면 내 아이가 부끄러워할까 봐 말하지 않는다고 자신 있게 이야기할 수 있을까? 아닐 것이다.

아이가 아니라 엄마가, 아빠가 부끄러워하는 것이다. 아이가 실수하고 넘어져 있으면 부모인 내가 실수한 것처럼 느껴지고 부모로서 인정과 존중받을 수 있는 기회를 잃었다고 생각하기 때문이다.

내 아이의 잘못이, 내 아이의 실수가 부모인 나와 아이의 주홍글씨가 되어서는 안 된다. 부모는 내 아이의 넘어짐에 부끄러워하기 전에 아이의 넘어짐을 응원해야 한다. 부모가 하는 그 응원은 아이가 다시 일어설 수 있는 에너지가 된다. 넘어지면 다시 일어서면 된다. 넘어지는 게 창피한 것이 아니라 넘어져도 언제나 다시 일어날 수 있다는 자신에 대한 믿음을 가지게 하는 것이 필요하다.

'내가 일어나는 시간만큼 기다려줄 사람이 있어'라는 믿음을 아이에게 주는 사람이 부모다.

과거에는 돈만 벌면 아빠 역할을 한다고, 밥을 차려주고 용돈을 주면 엄마 역할을 다한다고 생각했다. 이제는 그런 부모 역할에서 벗어나 그 이상의 것을 찾아야 하고, 아이와 함께하는 동반자로서의 부모 역할을 찾아야 한다. 먹여주고 재워주고 키워주는 것은 부모가 아니어도 할 수 있다. 그러나 부모여야만 할 수 있는 것들, 그런 것들은 무엇이 있을까?

'부모로서의 나는 무엇을 해야 하는가?' 궁금증이 생길 것이다. 그 궁금증을 해결하기 위해 부모는 알아야 한다. 내 아이에 대해, 삶의 변화에 대해, 그리고 무엇보다 부모로서의 자신에 대해. 부모가 지금 집중하고 있는 것들, 아이를 통해 원하는 것들에 대한 주제에 대해 더 많이 궁금해하고 알고 싶어 해야 한다.

지금 30~40대 부모가 살아왔던 것처럼 학벌이나 외모처럼 보이는 것이 중요한 삶의 방식은 내 아이가 살아갈 미래에는 맞지 않는다. 이런 가치관을 가진 교육은 미래에 아이가 설 자리가 없어질지도 모른다.

잘할 때만 내 아이가 아니라 넘어져도 내 아이라 자랑하고, 다시 일어나는 것에 격려하며 박수칠 수 있고, 넘어지는 모습을 보고 내가 아이를 일으켜 세우는 것이 아니라 일어날 수 있는 리바운드 에너지를 줄 수 있는 것. 이것이 이 시대의 부모의 역할이다.

여기서 질문 하나를 던지겠다. 내가 어렸을 때 나의 부모가 나에게 이런 말 한마디를 해주었다면 하고 생각하는 것이 있는가? 나의 삶 전반에서, 죽는 순간까지도 힘이 되고 위로가 되고, 내가 살아가는 동안 가장 힘든 시기에 가장 큰 도움이 되었을 한마디는 무엇인가? 내가 과거로 갈 수 있다면 이런 이야기를 한번 들어보고 싶다는 한마디를 생각해본다면 무엇이 있을까? 내 아이도 분명 그 말 한마디를 원하고 있을 것이다.

4차 산업혁명, 부모에게는 불안이지만 아이에게는 가능성이다

미래가 불안한 부모

2016년 세계 경제 포럼World Economic Forum, WEF에서 언급된 4차 산업혁명 시대의 도래라는 사회적 이슈에 대해 부모는 그전보다 더 많은 불안을 경험하고 있다. 불안이라는 것은 무언가 보이지 않는 것에 대한 초조함이다. 보이지도 않고 잡히지도 않으니 더욱 불안해하고, 그 불안의 정도는 수치로 표현할 수 없을 만큼 크고 두렵다.

부모가 겪고 있는 불안과 두려움은 고스란히 아이들에게 전달되고 있다. 4차 산업혁명 시대라는 그 단어 하나만으로 부모는 그 이전에 가지고 있던 패러다임이 변하고 사고가 변하고 세상에 대한 시각이 변하고 있다. 4차 산업혁명은 인공 지능, 사물인터넷, 빅데이터, 모바일, 로봇 등 첨단 정보 통신 기술이 사회 전반에 융합되어 나타나는 혁신적 변화를 말한다.

그런데 그렇게 많은 것이 변하는 시대에서 내 아이가 살아남으려면 무엇을 어떻게 해야 할 것인가? 부모는 '그렇다면 무엇을 가르쳐야 하지!', '무엇부터 하게 해야 하지!' 하는 생각을 하게 된다. 부모도 미래를 알 수는 없기 때문이다. 이왕이면 내 아이의 더 나은 삶을 준비하고 내 아이가 더 많이 행복하고 안정된 삶을 살아가게 하기 위해 부모로서 최선의 선택을 하고 싶다.

알 수 없는 그 시대, 사회 전반의 메인 이슈인 교육, 사회, 경제 등에 걸쳐 모든 것이 변하게 될 것이라는 메시지들은 부모에게 미래에 대한 불안을 더 가중시키는 원인 중 하나로 크게 작용하고 있다.

4차 산업혁명 시대라는 말은 많은 부모에게 불안을 야기하고, 그러다 보니 아이들에게는 과잉 학습을 시키게 된다. 아이들은 과잉 학습을 버거워하며 의욕을 상실해 자신의 꿈과 비전 그리고 진로를 찾고자 하는 의지마저도 상실하는 악순환이 발생하고 있다.

부모의 불안은 그 불안을 해소하는 방안으로 아이들에게 더 많은 것을 요구하는 것을 선택하게 만들었다. 어쩌면 부모는 '아이를 위해 무엇인가를 하고 있다'는 것으로 위안을 삼고 있을 수도 있다.

기계적이고 기술적이고 과학적이고 물리적이고 혁신적인 변화가 4차 산업혁명의 시대라면 부모는 그 이상의 것들을 바라볼 수 있어야 한다. 가르치고 주입하고 지시하는 등의 소통 방식으로는 아이의 미래를 함께할 수 없다.

이제는 부모가 이끌어주거나 부모가 무엇인가를 계속 가르치는 것으로는 한계가 있는 시대다. 가르치는 부모는 4차 산업혁명 시대와 많이 동떨어져 있다.

미래 사회에서는 가르치는 부모에서 가리키는 부모로 변해야 한다. 그리고 부모인 나와 내 아이에 대해 어디로 가야 할지, 무엇을, 어디를 가리켜야지 할지 알고 있어야 가리킬 수 있다.

부모가 불안해하는 4차 산업혁명 시대를 아이들은 이미 몸으로 겪고 있다. 아이들이 부모 세대보다 먼저 미래의 세계에 발을 디디고 경험하고 있으며 인공 지능, 사물인터넷, 빅데이터, 모바일, 로봇 등 첨단 정보 통신 기술 등의 작동 능력이나 파악 능력은 물론이고 활용과 융합 능력 그리고 모방과 적용 능력도 부모 세대보다 훨씬 탁월하다.

누구나 할 수 있는 것이나 학습을 통해 얻을 수 있는 것 이상의 것으로 아이와 함께할 수 있고 공유할 수 있는 방식, 아이가 자신의 가능성에 믿음을 가지게 하는 소통 방식으로 변해야 한다. 변화를 통해 인간 본연의 가치와 의미를 알아가는 것이 필요하다. 불안이 가득한 상태로는 아이의 가능성을 볼 수 없으며, 불안은 부모와 아이의 눈과 마음을 가리게 된다.

적응력과 상황 대처 능력을 기르자

이제는 배움의 시대를 넘어 하이퍼포머High Performer 리더가 되어야 하는 시대로, 적응력이 그 어느 때보다 필요한 시대가 되었다. 그때그때 상황에 맞는 대처 능력을 갖춘 아이, 그런 청소년, 그런 사회인을 요구하고 있다.

지금까지 우리는 이렇게 하면 성적을 올릴 수 있고, 저렇게 하면 무엇을 할 수 있고 등 기본 틀이 있었다. 또 그 틀대로 하면 어느 정도 방향과 결과물을 얻을 수도 있었다. 그러나 미래의 내 아이가 살아가게 될 시대는 그런 틀로 결과물을 제시하는 것이 아니라 그 상황에 얼마나 탁월하게 적응하고 대처해나가는가가 그 아이의 삶에 성공과 실패를 좌우하는 시대다. 이것이 4차 산업혁명의 시대가 요구하는 인재다.

적응력이 그 효과와 빛을 발현하려면 개인의 창의성과 탁월성을 더해야 한다. 그런데도 아이 개인의 창의성과 무한한 탁월성에 제재와 제한을 가하고 있다면 그것은 2차, 3차 산업시대의 양육 방식에 머물러 있는 것이다.

《장자》에는 수레바퀴를 만드는 노인老人에 대한 이야기가 나온다. 환공桓公이 대청에서 책을 읽고 있을 때, 마당에서 장인匠人이 수레바퀴를 만들고 있었다. 장인이 연장을 내려놓으며 환공에게 물었다.

"나리께서 읽고 계시는 책이 무엇입니까?"

"성인聖人의 말씀이다."

"그 책을 지은 성인은 아직 살아 있습니까?"

"오래전에 죽었지."

"그렇다면 지금 읽고 계시는 것은 옛사람이 남긴 찌꺼기군요."

"수레바퀴나 만드는 주제에 감히 성인을 모독하다니, 그 이유를 합당하게 대지 않으면 죽음을 면치 못하리라."

노인은 수레바퀴를 만드는 일에 비유해 이같이 말했다.

"수레바퀴 만드는 일을 두고 비유해보겠습니다. 바퀴를 만들 때 칼을 빨리 놀리면 힘은 덜 들지만 바퀴가 둥글게 깎이지 않습니다. 반대로 천천히 놀리면 힘은 들지만 둥글게 깎입니다. 빠르지도 느리지도 않게 깎는 것은 제 손과 마음으로 느껴 그렇게 하는 것입니다. 저의 기술을 아들에게 전수할 수도 없고, 아들 역시 저의 기술을 전수받을 수도 없습니다. 그래서 제가 칠십 노인인데도 바퀴를 깎고 있는 것입니다. 옛사람과 함께 다른 사람에게 말로는 전할 수 없는 그 무엇인가도 죽어버렸지요. 그러니 왕께서 읽으시는 것도 옛사람의 찌꺼기가 아니겠습니까?"

글을 완전히 외우는 사람이 글공부를 할 줄 안다고 볼 수 없음이 바로 그런 이치인 것이다. 그렇다. 이제는 마차를 만드는 기술만 가지고는 아무 의미가 없다. 이동 수단으로서의 마차는 세상에 없어졌다. 버스와 기차, 자동차가 생겨났기 때문이다. 과거에는 버스를 운전하는 기술, 기차를 운전하는 기술을 습득하면 생계를 해결할 수 있었다. 그런데 그 운전 기술도, 기사도 필요하지 않은 시대가 되었다. 왜? 전동

차가 다니고 있으니 말이다. 그럼 이제 무엇을 배워야 할까?

인공 지능, 사물인터넷과 로봇을 활용하는 탁월한 능력을 가지고 있어야 한다. 그런데 이것도 지금 시대에 필요할 것이라고 예측되는 능력이다. 미래 사회는 콘텐츠도 필요 없이 목소리와 시선 하나만으로도 세상을 움직일 수 있는 시대가 된다고 전문가들은 예측한다. '그럼 이제 어떻게 해야 하는 걸까?' 하는 의문이 들 것이다.

우선 세상의 원론적인 시스템을 인정해야 한다. 언제나 세상은 같은 자리에 있지 않으며 변하고 발전한다. 이제는 근본 원리를 이해해야 한다. 세상의 원리, 어떻게 보면 이 세상이 창조되던 시대의 원천, 모든 생명의 존재 가치와 의미를 이해하지 못하면 우리는 4차 산업혁명 시대를 따라갈 수도 적응해 나아갈 수도 없다. 그 시대에 적응해나간다는 것은 그 시대의 가치와 흐름에 내 몸을 싣고 같이 움직일 수 있어야 한다는 말이다. 그게 바로 적응이고 하이퍼포머다.

'2015 대한민국 교육 과정' 개정 내용 중 사회 인재의 핵심 역량에서 미래 사회에 필요한 핵심 역량으로 자기 관리 역량, 지식 정보 처리 역량, 창의적 사고 역량, 상호 의사소통 능력, 사람들과 협조하고 상생하는 공동체 역량, 심리적 감성 역량 등의 기준 지표가 발표되었다.

이 핵심 역량들은 교과서나 글로만 배워서 되는 것이 아니라 삶에서 터득하는 경험에 의해 학습되는 것이다.

최근에 창조, 혁신 등의 단어들을 흔히 접하게 되는데, 그런 단어들의 공통점은 새로운 것들의 창조와 융합이다.

없는 것들을 만들어내는 것이 아니라, 이미 존재하고 있으나 사용해

보지 않은 것들로 시대의 요구와 사회 변화 과정과 어우러져서 협력할 수 있는 것들을 끄집어내는 것이다.

아이들의 사고 바탕에 있는 무한한 창의력과 무의식 속의 가치들을 끄집어내 형상화할 수 있는 것들에 동기를 부여하고 그 가능성에 박수를 치는 것이 바로 4차 산업혁명 시대 부모의 역할이다.

독창성이 필요한 시대

4차 산업혁명 시대는 적응 능력과 하이퍼포머를 필요로 하는 시대다. 세상이 아무리 많이 변해도 그 변화에 합류할 수 있는 인재를 만들어가는 것이 우리 부모 세대의 사명이다. 그렇다면 이제 부모는 무엇을 해야 할까?

부모로서 아이에 대한 고도의 집중력을 필요로 하는 사회, 즉 관심의 폭을 넓혀야 하는 시대가 되었다. 예를 들어 맛난 밥상만 차려줄 것이 아니라 어떻게 먹는지, 어떻게 씹는지, 몇 번을 씹는지, 몇 분을 씹는지 알 수 있을 만큼의 고도의 관심이 필요해진 시대가 되었다.

이제는 누구나 하고 있는 것이 아니라 아이에게 맞는 그 무엇인가를 찾아야 하는 시대가 되었다. 아이들이 하는 모든 것에 "yes"라고 해야 한다는 의미가 아니라 분명한 기준을 가지되, 아이들이 가지는 생각과 상상력, 아이들이 행동하는 작고 미세한 어떤 것들까지도 알아차려야 한다.

세상이 변한다는 것은 우리에게 또 다른 기회다. 우리가 가지고 있는 역량을 강화시킬 기회며, 나와 내 아이가 가진 가능성과 잠재력을 최상으로 끌어올릴 기회라는 의미로 해석할 수 있다. 미래 사회는 기계적인 사람이 아니라 기능하는 사람을 원한다. 움직이는 사람을 원한다. 그리고 자기만의 독창성을 가진 사람을 원한다.

앞으로 셀 수 없이 많은 직업이 생겨나고 사라질 것이다. 미래는 직업도 내가 만들어가는 시대다. 정해진 것이 아닌 늘 변하고 움직이는 것에 익숙해지는 것이 적응이다. 자기만의 창의적인 아이디어와 아이템, 사고를 가지고 새로운 것들을 창조해나가는 시대다. 이 때문에 내 아이만의 독창성을 나타낼 수 있는 일을 생각해야 한다.

어쩌면 아이들은 그렇게 살아가고 싶어 하고, 그렇게 살아가고자 몸부림치고 있을 것이다. 펄펄 뛰는 물고기를 냄비에 집어넣고 뚜껑을 닫으면 뚜껑이 들썩거리며 밖으로 나오려고 몸부림을 친다. 그러나 지금까지 우리 사회는 독창적인 몸부림을 외면해왔다. 뚜껑 밖으로 나오지 못하게 강하게 누른다는 말이다. 그렇다면 그 안에 있는 물고기들은 기운과 의욕을 잃게 되고 뚜껑을 열어놓아도 튀어나오려고 하지 않는다. 뚜껑을 덮으면 덮을수록 아이는 생동감을 잃어버리고 움직이지 않게 되고 결국에는 숨조차 쉬려고 하지 않게 된다. 펄펄 뛰고 싶어 하는 것이 내 아이의 모습이라면, 숨을 쉬고 싶은 아이는 갇힌 공간에서 갑자기 온몸에 굉장한 경련을 일으킨다. 그 경련은 반사회적인 반응으로 드러나게 된다.

아이들이 자유롭게 자기를 표현할 수 있도록 하고, 그에 따른 책임의 범위와 기준을 명확히 해 가능한 범위와 가능하지 않은 범위를 구분해주는 것이 부모의 역할이다. 수없이 많은 정보가 넘쳐나더라도 부모는 아이들이 스스로 가치 있는 것들을 선별할 수 있도록 역량을 키워주고, 그것에 대한 기준을 정립해 제공해주어야 한다.

4차 산업혁명 시대는 부모에게는 알 수 없어 불안한 시대지만, 아이에게는 무엇이든 해볼 수 있는 무한한 가능성의 시대다.

1980년대생 부모의 90%가 겪는 문제들

문제의 원인이 해결의 실마리

1980년대 전후로 태어나 가정을 이룬 세대들은 대부분 학령기 자녀를 두고 있는 경우가 많다. 자녀가 유치원, 초등학교, 중학교 좀 빠른 경우는 고등학교에 다니고 있을 것이다.

1980년대생들은 네트워크 세대, 즉 N세대라고도 불리며 개인의 성장과 발전을 최우선시하는 세대였다. 1980년대 전후는 '아들딸 구별 말고 하나만 낳아 잘 기르자!'라는 슬로건을 통해 대대적으로 저출산을 적극 장려하던 때이기도 하다. 이때의 저출산 정책으로 외동딸, 외동아들들이 많아졌으며 각 가정에 자녀는 하나나 둘로 부모의 극진한 사랑을 유난히 받으며 자랐다.

1980년대생들은 부모로부터 "너만 잘 하면 돼", "너만 잘 살면 돼"라는 말을 들으며 집 안의 공주, 왕자로 부모와 조부모의 총애를 받았다. 게다가 치열하고 극한의 경쟁 시대를 살아온 세대이기도 하다. 이들의 부모 세대인 베이비부머baby boom generation 세대들은 자신이 누리지 못한 사회, 경제, 교육 등의 혜택을 자신의 아이들에게 수단과 방법을 가리지 않고 제공해야 한다는 책임과 사명감에서 끝없는 희생을 했다.

부모들의 이러한 헌신적이고 맹목적인 사랑은 1980년대 전후 세대들의 성장 환경에 영향을 끼쳤다. 경제 호황이라는 환경과 맞물려 개인주의적이며 자기중심적인 성향으로 자라게 만든 것이다.

그러다 갑자기 IMF 외환 위기라는 국가적 위기가 터졌다. 기업들이 속속 문을 닫고 어려워진 경제 위기로 직장을 잃는 가장이 늘어나 가정의 존속이 어려워 해체되었다. 국가, 경제, 사회, 개인 등 전방위적인 상실의 시기였다. 이 같은 국가적 위기로 아이들이 학교를 그만두고 산업 현장으로 나가기도 하고, 이혼으로 가정이 해체되기도 하고, 부모와 떨어져 조부모 가정에서 생활하기도 했다.

1980년대생들 사이에는 살아남아야 하고, 이겨야 한다는 강한 신념이 자리해 경쟁이 일반화되어 있었다.

부모가 된 N세대

1980년대 전후에 출생한 부모들은 자신의 어린 시절 양육 환경에서 얻은 경험과 정보를 그대로 자녀 교육에 적용하는 경우가 많다. 대부분의 부모가 그러하듯 내 자녀가 최고이고, 내 자녀는 가장 존중받고 인정받아야 한다고 생각한다.

이런 N세대의 생각은 자녀 양육에서도 강한 경쟁 심리를 가지게 되어 자녀에 대한 주변으로부터의 평가를 자신의 평가와 동일시했다.

N세대 부모는 그들만의 딜레마에 빠져 있다. 경쟁의 시대에서 아이에게 더 많은 교육의 경험을 제공하자니 경제적 뒷받침이 요구되고, 그 요구를 채우려면 맞벌이는 기본적으로 감수해야만 하는 상황이 되었다.

경제적 안정을 위해 끊임없이 노력해야 하는 N세대는 부모로서 경제적인 뒷받침을 위한 노력을 하다 보면 부모의 역할에 시간적인 제약을 받게 되고 자녀들과는 점점 소통의 부재를 경험하게 되는 악순환을 경험하고 있다.

얼마 전 공익 광고 내용 중 이런 모습을 반영하는 모습이 나왔다. 이 광고에서는 아침에 출근하는 아빠에게 어린 딸이 "또 놀러오세요"라는 한마디를 남긴다. 이는 비단 아빠들에게만 해당하는 내용은 아니다. 바빠진 경제 활동으로 함께하는 시간이 줄면서 나타나고 있는 부모와 아이들 모습이다.

강의 현장에서 부모들에게 "내 아이는 부모인 나에게 무엇을 받고 싶어 할까?"라고 질문을 던져봤다. 대부분의 부모는 용돈, 최신형 스마트 기기, 경제적 지원 등을 아이들이 받고 싶어 할 것이라고 답했다.

아이들에게 "부모에게 무엇을 받고 싶은가?"라고 물어보니 예상과는 전혀 다른 답변이 나왔다. 아이들은 부모로부터 '믿음', '인정', '기다림', '신뢰', '사랑' 등을 받고 싶다고 대답했다. 임시 탁아소처럼 변해가는 학교, 과다한 경쟁에서 많은 아이가 소외감과 박탈감을 느끼고 있다는 반증이다.

'너만 잘 살면 돼' 또는 '너만 잘 하면 돼' 등의 가치관을 가진 부모로부터 학습된 가치관은 아이들에게도 그대로 전달되어 나타났다.

'너만 잘 살면 돼'가 아이 입장에서는 '나만'으로 해석되어 '나만 잘 살면 돼'가 되었고 최종적으로는 '나만 좋으면 돼'가 된다. 나의 스트레스를 풀기 위해 상대를 '때려야겠어', '괴롭혀야겠어'로 변질되고, 상대가 아프거나 괴로운 것은 나와는 상관없는 일로 왜곡되기 시작하면서 지나친 '나' 중심으로 인해 공감에 둔감해졌다. 공감이 어려워진다는 것은 상대를 존중하거나 배려할 수 있는 여지가 줄어든다는 것을 의미한다.

이런 아이를 보면서 부모는 힘들고 당혹스러워한다. 부모인 나는 아이에게 배려하고 충분히 존중해주고 너무나 소중히 여기고 사랑한 나머지 나조차 잃어버리고 살았는데 아이들은 아니란다. 나한테 해준 것이 무엇이냐고 한다.

지금은 생각의 전환 시대

배려, 존중이 사회적으로 중요한 가치가 되었다. 그런데 이것이 내 아이에게만 해당되는 존중과 배려로 왜곡되어 확산되었다. 여기서 간과하고 있는 것이 있다. 세상의 모든 아이가 누군가의 아이라는 것이다. 내 아이만이 아니라 모든 아이에 대한 존중과 배려가 일반화되어야 하는데, 존중과 배려는 왠지 모르게 내 아이에게만 해당되는 것처럼 왜곡되어 있다.

그러다 보니 내 아이만 최고이고, 공주님이고 왕자님이다. 부모인 나에게 아이가 공주님이고 왕자님인 것처럼 모든 아이가 배려받고 존중받아야 한다.

부모가 먼저 존중과 배려라는 단어에 대한 의미를 바로 이해해야 아이에게 왜곡 없이 전달할 수 있다. 일반적으로 사람들에게 존중과 배려가 무엇인가에 대해 질문하면 양보하는 것, 나눠주는 것이라고 답한다.

배려는 불쌍하다고 여기는 사람을 도와주는 것이 아니다. 그건 동정이다. 배려는 함께하는 것이다. 상대가 힘들어하거나 버거워하는 부분을 내가 함께하는 것이 배려이고, 그 시간을 함께할 수 있는 대상이 있음을 감사하는 것이 존중이다. 세상의 모든 존재는 존중하고 인정하고 배려해야 하는 대상이다. 즉 존중과 배려와 인정의 범위는 제한적이지 않고 굉장히 포괄적인 것으로 그 대상은 모두다. '모두'라는 말은 내 아이뿐 아니라 세상의 모든 아이가 대상이다.

내 아이가 존중받고 인정받아야 하는 대상이라면 세상의 모든 아이가 인정받고 존중받아야 하는 대상이고, 나아가 세상의 부모들이 존중받고 인정받아야 하는 대상이라면 부모인 나도 그렇다.

Tip **부모 공부가 필요한 시대**

① 내 아이는 부모인 나에게 얼마나 존중과 인정을 받고 있다고 느끼는가?

② 부모인 내가 나에게 하고 있는 나를 위한 존중과 배려에는 무엇이 있는가?

③ 내 아이를 존중하고, 인정하고 있다는 표현을 어떻게 하는가?

④ 부모인 나에게 존중과 인정, 배려의 대상은 어디까지인가?

⑤ 부모인 나의 어떤 행동과 말을 내 아이가 답습하고 있다고 생각하는가?

⑥ 정리한 내용(①~⑤)을 바탕으로 나에 대해 새롭게 알게 된 것은 무엇인지 생각해보고 적어본다.

2000년대생
아이들

사회 변화는 유전자도 혼란을 준다

대한민국은 정치·경제·사회·문화 전반에 걸쳐 숨 쉴 틈 없이 급속한 변화를 겪어왔다. 변화는 늘 성장과 성공만을 이루는 것은 아니다. IMF 외환 위기를 겪으면서 사람들에게 경제적 자립과 안정은 생존에 있어서 최우선 과제이자 목표가 되었다. 이런 사회적·개인적 과제의 해결을 위해 여성의 사회적·경제적 활동도 급격히 늘어났다. 급격한 성장과 국가적 경제 위기의 시간을 지나온 지금, 이제는 지나온 시간 속에서 우리가 잃어버린 가치가 무엇인지 찾아야 하는 때다.

대표 예로 가족 형태의 변화를 들 수 있다. 가족 간의 관계, 소통, 역할 등에서도 경제 위기의 현상들은 여과 없이 반영되어 나타나게 되었다. 국가적인 경제 위기는 가족의 구조에 급속한 변화를 만들어 핵가족이 일반화되어갔고, 부모의 경제 활동 시간이 늘어나면서 아이들의 부모와 지내는 시간이 상대적으로 줄어들었다. 자녀와의 줄어든 시간에 대한 보상으로 부모가 선택하게 된 것이 물질적인 보상이다.

시대의 변화는 부모의 양육과 소통 방식에도 영향을 끼치게 되었고, 아이를 좀 더 깊게 관찰하고 살필 수 있는 감정의 공유와 대화의 시간이 줄어 제한적이고 형식적으로 변했다. 이처럼 제한적인 시간은 가족 간 소통의 부재, 부모와 아이의 소통 부재로 이어졌다.

부모와 자녀의 일관적인 소통의 학습이 이뤄지기보다는 그때그때 임기응변식의 상황 대처로 부모가 아이를 대하다 보니 일관성이 떨어지게 되어 아이의 같은 행동에도 부모가 상황에 따라 다르게 반응함으로써 아이들에게 혼란을 주곤 한다.

유치원생 자녀를 둔 부모의 이야기를 접하게 됐다. 게임을 좋아하는 7살 아이는 시도 때도 없이 게임을 하겠다고 부모를 졸라댄다. 부모는 완강하게 아이가 게임하는 것을 허락하지 않았다. 그러던 어느 날, 그 날도 여느 때처럼 아이는 게임을 하게 해달라고 엄마를 졸라댄다.

그때 손님이 방문했다. 아이는 잠시 조르던 것을 멈추고 한동안 잘 놀더니 다시 게임을 하겠다고 엄마를 조르기 시작했다. 몇 번 안 된다고 하던 엄마는 아이를 방으로 데리고 들어가더니 게임을 할 수 있도록 해주었다.

그리고 얼마간의 시간이 지났을까 아이 아빠에게 전화가 걸려왔다. 일찍 온다던 아이 아빠가 조금 늦을 것 같다고 했다. 방에서 게임을 하고 있던 아이가 거실로 나와 "엄마 끝났어요"라고 한다. 엄마는 아이에게 다른 게임을 찾아주며 좀 더 하라고 했다. 아이는 신이 났다. 다음 날 아이는 다시 게임을 하겠다며 엄마를 졸라댔다. 그러나 엄마는 "오늘은 안 된다"고 한다.

이처럼 자녀의 요구에 대한 부모의 일관성 없는 반응 양식이 반복되면서 아이는 자신이 원하는 것에 대한 표현이 모호해지거나 분명하고 바람직한 표현 양식에 대한 학습이 결여되어 자신의 의사 표현에 대한 확신이 감소된다.

아이가 초등학교에 들어가면서부터 아이의 학습과 소통이 이뤄지는 대상은 확대된다. 부모만이 아닌 다양한 매체와 함께 제3기관 또는 제3자로 넓혀진다. 이제는 아이를 달래기 위해 휴대폰을 주고 태블릿 PC를 주어야 하는 시대가 되었다.

이러한 사회 전반의 변화와 발전은 부모와 자녀의 관계에 크고 작은 단절에 영향을 끼치기도 했다. 자녀들의 욕구 해결에 정서적 대처보다 물질적 대처가 더 용이해지고 효과도 즉시, 바로 나타나는 게 가능해졌다. 아이의 욕구 해결과 학습 의욕을 높이는 방안으로 물질적 대처를 선택하게 되면서 인간의 가장 기본 욕구인 관계의 욕구가 소외되었다.

관계 욕구의 소외는 그것을 해소하고자 하는 또 다른 방법들을 찾게 만들었다. 그 과정에 문화 매체를 통해 엄청난 양의 정보가 여과 없이 노출된다. 이 정보들은 아이들의 다양한 욕구 해결을 위해 대체되기도 하고 선망의 대상이 되기도 했다. 그러면서 아이들은 눈에 보이는 것들에 지나치게 집착하고 집중하게 되었다.

아이들은 부모가 생각하는 것 이상으로 굉장히 많은 정보를 가지고 있다. 부모가 생각하기에 아이들이어서 잘 모를 것이라고 여기는 것들조차 아이들은 의식적·무의식적으로 습득해 정보로 쌓고 있다. 아이들이 습득하고 쌓아놓은 콘텐츠와 정보는 필요에 따라 다양한 방법으로 활용된다.

이러한 정보와 콘텐츠가 아이들에게 부정적으로 영향을 끼치게 되면 사회로부터 수용될 수 없는 형식의 사고, 위험한 매체의 활용, 좀 더 자극적이고 좀 더 선정적인 것들에 현혹된다. 그리고 그것은 청소년과 성인 사회의 문제로 나타나곤 한다. 그런데도 부모는 무작위로 쏟아져 나오고 있는 정보의 폭격에서 자녀들을 보호할 수 있는 그 어떤 준비도 되어 있지 않고 방법도 모르고 있다.

사회에서 쏟아져 나오는 아이의 호기심을 자극하는 수없이 많은 놀잇감 틈에서 어떤 것부터 정리하고 선별해야 하는지 가장 혼란스러워하고 있는 것은 부모일 것이다. 어떤 것들이 아이들에게 유해하고 무해한지 알아차릴 수 있는 정보, 공식, 기준 등을 부모가 학습하거나 정립하기도 전에 이미 아이들은 호기심과 자극이 가득한 것들이 널려 있는 그런 사회에 노출되어 있기 때문이다.

선별 능력도 떨어지고 판단 능력도 미숙한 아이들에게 무차별적으로 쏟아지는 정보는 오히려 아이들을 혼란과 혼돈 속에 빠지게 하고, 혼란과 혼돈은 호기심과 무분별한 욕구와 충동에 빠지게 해 커다란 좌절을 경험하게 하는 원인 중에 많은 부분을 차지하고 있다.

혼란과 혼돈 속에서 우왕좌왕하는 아이를 바라보는 부모 중에는 이렇게 말하는 부모도 있을 수 있다.

"우리 아이는 의욕이 없어요." "목표가 뚜렷하지 않아요." "끈기가 없어요." "집중력이 부족해요." "말을 잘 안 들어요." "게을러요." "난 우리 아이가 무슨 생각을 하고 있는지 도통 알 수가 없어요."

부모도 모르겠고 아이도 자신을 모르겠다는 그런 아이가 내 아이란다.

아이를 위해 늘 최선을 다하고 열심히 살아가고 있는 부모! 부모의 어린 시절과는 다른 환경에서 다른 모습으로 살아가는 우리의 아이들에게 이 사회의 변화가 유전자에도 영향을 끼치고 있는 것처럼 보인다.

익숙지 않은 모습의 아이들의 혼란과 혼돈은 부모의 마음과 생각의 눈을 가렸고, 이것은 오롯이 이 시대의 아이들이 무엇을 원하는지 무엇을 바라는지 진정으로 듣고자 할 귀를 막고 알고 싶어 하는 욕구를 떨어뜨리고 있다.

아이에 대해 깊이 있게 바라보고 알고자 하는 욕구와 관심의 절하는 부모는 물론 기성 사회의 일반화된 현상이 되어가고 있다. 기성 사회와 부모의 일반화된 현상은 아이들이 자신에 대한 확신을 줄였고 무언가를 시도하고는 있으나 실질적으로 검증되지 않고 검증할 수 있는 기준도 없기 때문에 실수의 반복으로 좌절을 거듭하고 있다.

언제부터인가 자녀를 사랑으로 키우는 것이 아니라 사랑 넘어 버거움으로 키우는 사회가 되어가고 있다.

'내가 이 세상에 부모가 되려고 태어났나?'라는 후회를 부모가 하고 있다면, 부모의 이런 후회는 아이들에게 '내가 이 세상에 왜 태어났나?' 하는 생각을 가지게 한다. '나는 내 아이 덕에 부모가 되었구나!'라는 아이에 대한 감사를 만들어내는 부모의 생각과 말은 아이가 '부모 덕분에 내가 세상에 태어났구나!'라는 부모와 세상에 대한 감사와 자신의 가치에 대한 확신을 키우게 한다.

하고 싶은 것보다 해야 할 것이 더 많은 아이들

아이들은 에너지도 많고, 하고 싶은 것도 많고, 해야 할 것도 많다. 그런데 언제부터인가 아이들이 하고 싶은 것을 생각하고 찾기보다 해야 할 것이 더 많은 사회가 되었다. 자기의 역할에 대한 부담이 커져 그것에 압도되면서 오히려 역할을 던져버리는 양상이 나타나기도 한다. 학교 공부도 해야 하고, 학원 숙제도 해야 하며 주말에는 체험 학습이라는 명목으로 이런저런 활동에 몸도 마음도 피곤하고 지쳐 간다. 그런데도 부모는 더 많은 것을 하라고 아이에게 종용하고 채찍질하고 질책하고 있다. 이런 양상들은 아이들의 조기 방황과 함께 청소년 범죄 등 사회의 또 다른 문제로 번지고 있다.

'내 아이는 아닐 것'이라고 생각하지 말고 '절대 내 아이도 예외일 수 없다'고 생각해보자. 이제는 그전과 달리 사회 전반에 나타나고 있는 패러다임이 변했고 이와 함께 양육 환경도 바뀌었다.

이 시대의 부모 역할은 부모를 넘어 친구, 동반자, 상담사, 코치가 되어야 한다. 그야말로 만능 엔터테이너로의 변신이 요구되고 있다.

현세대를 살아가고 있고 미래 사회의 중심에 있게 될 초·중·고 학생들에게서 일어나는 많은 문제 중 청소년들이 호소하고 있는 가장 큰 문제는 무엇일까? 청소년들의 사회 적응에 필요한 역량을 연구한 2015년 발표 논문에서는 아이들이 적응을 더 잘 하기 위해 필요한 것으로, 관계와 소통이 1위를 차지했다. 이처럼 우리의 아이들은 그 어느 때보다 지금 소통을 원하고 있고 자신만의 방법으로 자기 나름의 소통은 하고 있는데 그게 잘 안 되고 있다.

최근 소셜 네트워크 서비스SNS를 통한 폭력이 난무하는 원인도 친밀한 관계를 통한 소통의 부재가 제3의 매체를 통해서 여과되지 않고 드러난 것이라 볼 수 있다. 절제되지 않은 화와 분노 등이 통제 없이 과격한 표현으로 나타나는 것을 종종 접할 수 있다는 말이다.

매체들을 통해 무자비하게 쏟아져 나오는 정보에 노출된 아이들의 언어생활은 매체를 통해 습득된 비속어가 일상적이고 일반적이 되었다. 아이들이 무분별하게 사용하는 부정 단어, 과격한 언어, 비속어들은 사용되는 단어와 같은 에너지를 만들어 그처럼 행동하게 하는 데 커다란 영향을 끼치고 있다.

부모 세대들의 공통된 착각이 있다. '내 아이는 그런 아이가 아니다. 내 아이의 주변에 있는 아이들이 내 아이를 꼬여서 이렇게 되었다.' 아니다. 내 아이는 그 꼬임을 이겨낼 수 있는 저항력이 없었던 것이고 자기 주관이 뿌리를 내리지 못하고 있었던 것이다. 주관의 뿌리가 강하면 그 어떤 바람에도 흔들리지 않고 자신을 지탱할 수 있다.

내가 충분히 부모 역할에 최선을 다했을 때, 아이는 내가 원하는 자녀로 그리고 미래가 기대하는 인재의 모습으로 자랄 수 있다. 미래는 내 아이, 나만의 아이가 아닌 세상이 아이들의 양육에 동참하는 시대다. 기계적이고 의무적이기만 한 개입과 참여를 넘어 정서적인 개입과 참여의 시대다. 그러려면 부모들이 준비하지 않으면 안 된다. 어떤 준비를 해야 할까?

'내 속을 썩이는 아이', '나를 힘들게 하는 아이'를 넘어 '사회에 문제를 일으킬 수 있는 아이', '반사회적인 아이'로 키우지 않기 위해 부모인 '내가 무엇을 할 수 있고 무엇을 해야 할까?'에 대해 냉철하고 깊이 있게 생각해야 하는 때다.

내 아이의 문제라고 봤을 때는 급작스러운 호흡 곤란을 일으키게 되고, 공황 장애를 경험하게 되어 냉철하거나 명료한 사고와 판단이 막힌다.

부모인 우리의 권리를 누리기 위해 혹시 아이들의 권리를 빼앗지는 않았나? 아이들이 마땅한 권리를 누리지 못한 결핍은 무엇을 불러올까? 한번 진지하게 생각해봐야 한다.

변화가 일상인
아이들

누구나 변화와 함께 공생한다

"변화하라. 그렇지 않으면 도태될 것이다."

잭 웰치Jack Welch의 《끝없는 도전과 용기Jack : Straight from the Gut》(청림출판, 2001)에 나오는 말이다. 변화라는 것이 의미하고 있는 핵심에는 '지금과는 같지 않다'가 있다. 이를 바꾸어 해석하면 '세상에 변하지 않는 것은 없다'가 되고, 더 나아가 '세상에 지금과 똑같은 것으로 남아 있을 것은 없다', '세상은 늘 변한다'로 해석할 수 있다.

부모들의 어린 시절에도 세상은 변하고 있었다. 우리가 어렸던 그 시절에는 세상이 변하고 있다는 걸 느끼지 못한 채, 그리고 우리의 삶이 변화 그 자체라는 것을 알아차리지 못한 채, 변화의 흐름과 어우러져 지금의 어른이 되었고 또 부모가 되었다.

　내 아이도 세상이 변화되어가는 것을 느끼거나 알아차리지 못한 채 부모인 내가 말하는 미래의 시간을 미래가 아닌 현재로 살아가고 있다. 중요한 점은 우리가 어렸을 때도 그랬던 것처럼 아이들에게 이 변화는 변화가 아닌 일상으로 받아들여지고 있다는 것이다. 아이들은 변화가 존재하고 진행되고 있음을 느끼지 못할 수밖에 없다. 아이들에게는 매 순간이 미래로 가는 발걸음으로 현재는 변화의 상황이 아니라 일상이기 때문이다.

　부모가 어렸을 때와 지금을 비교할 때 어떤 것들이 달라졌는가를 돌이켜보면 엄청난 변화가 있었음을 알 수 있다. 그러나 아이들에게는 지금이 어린 시절이다. 내 아이는 부모의 과거 경험이 아닌 아이 자신의 현재 경험으로 미래를 만나고 있는 것이다.

　우리의 부모 세대가 과거의 경험을 바탕으로 자녀의 미래를 걱정하고 불안해할 때 어린 시절의 우리는 그것이 어떤 의미인지 알아차리지 못한 채 그 시대의 변화 속에서 성장해 지금의 부모가 되었고 부모가 된 지금의 나도 내 아이의 미래를 걱정하고 불안해하고 있다.

　어린 시절 우리의 부모가 미래의 변화에 대한 걱정으로 나에게 무엇인가 해야 하는 것들을 이야기할 때 그것이 부담스럽고, 버겁고, 이해가 안 되었다. 그런데 부모가 된 내가 아이의 미래에 대한 불확실성에서 오는 불안으로 내 아이도 무엇인가 하게 해야 할 것 같아 새로운 무엇인가를 아이에게 계속 시도하고 있다.

부모의 시도들은 아이가 자신의 성장에 대한 변화와 적응이라는 생애 과제와 함께 부모가 느끼는 미래에 대한 부담과 불안까지 떠안게 되는 과제까지 더한다. 그래서 아이들은 더욱 힘겨워하고 있다.

어떤 부모가 말한다.
"학원 가!"
아이는 학교에 다녀와 학교 숙제를 하고 있다. 그때 부모는 다시 말한다.
"얼른 학원 가야지!"
아이가 "아직 남았어요"라고 답하자 엄마는 다녀와서 하란다.
아이가 학원에 다녀와 늦은 저녁을 먹고 잠시 쉬는데 부모는 말한다.
"일찍 자야지!"
아이가 말한다.
"아직 학교 숙제와 학원 숙제가 남았어요."
부모는 말한다.
"내일 하고 일찍 자! 그래야 일찍 일어날 수 있지!"
아이는 혼자 말한다.
"나도 힘든데 왜 자꾸 뭘 하래요."
부모는 아이가 할 것에 대해 이야기하고, 아이는 힘들다고 공감 받고 위로 받고 이해 받고 싶다고 말하고 있다.

현재 진행형의 변화 속에서

최근 4차 산업혁명 시대 도래라는 사회적 이슈가 부각되면서 부모와 아이 모두는 보지도 듣지도 못한 미래에 대한 준비로 분주해 졌다.

부모 세대는 미래 사회와 지금의 사회가 전혀 동떨어져 있는 사회인 것처럼 받아들이고 내 아이를 위해 무엇인가를 계속 준비하고 그것을 다시 아이들에게 종용하고 있다. 이 준비는 부모의 불안을 줄이기 위한 것이지만, 불안을 감소시키는 해결의 주체를 자녀로 보고 자녀를 위해 무엇인가를 더 하게 하거나 가르쳐야 한다고 생각하고 있다. 부모의 불안은 고스란히 아이들의 몫이 되었다.

미래 사회는 기술이나 기능적으로 고정된 것들을 바탕으로 움직이는 사회를 넘어 개인의 창의력, 사고력, 직관력, 협응력, 순발력, 융통성 등을 통합적으로 작동시키고 그에 대한 시너지를 만들어내는 고차원적인 변화로 이뤄진 사회다.

이런 능력의 개발과 적용 및 통합은 일순간 또는 단기간에 습득되는 것이 아님을 우리는 이미 알고 있다. 이런 능력의 정도는 점수나 등급으로 구분할 수 없으며, 오랜 시간의 기다림과 반복적이면서도 자유로운 열린 학습 환경과 그에 대한 경험과 반응이 축적되어야 가능하다.

예를 들어 나를 보호해주는 인공 지능 지킴이 로봇이 우리 집에 있다고 하자. 어느 날 도둑이 집에 들었다. 나와 지킴이 로봇이 동시에 도둑 침입을 알아차렸다. 이때 로봇의 반응은 어떠하며 나의 반응은 어떨까? 사람인 나는 직관적으로 이미 도망치고 있을 것이고, 지킴이 로봇은 통신망을 이용해 경고음을 울리는 동시에 구조 요청을 하고 있을 것이다. 이때 컴퓨터는 시스템, 순서와 체계에 따라 작동하고 사람은 그때 상황에 맞는 융통성과 직관을 활용하게 된다.

사람의 직관과 로봇의 정보 통신 능력이 더해지면 그 효과는 엄청난 파급 효과를 낳을 수 있다. 과거의 산업 사회가 기술과 기능의 분배를 통한 분업으로 이뤄진 사회였다면, 내 아이가 살아가는 미래 사회는 기능적·기술적 능력의 협응 역할이 분명하게 자리 잡고 있을 것이다.

사람은 누구나 현재를 살면서 미래를 만나게 된다. 미래 사회에 중심에 서게 될 사람들은 누구일까? 하이퍼포머들일 것이다. 하이퍼포머는 성과로 말하는 인재다. 결과에 결정적 영향을 끼칠 수 있는 핵심 문제를 찾아 해결하는 데 집중하고 자신의 역량을 극대화해 전략적 직무를 수행하는 핵심 인재들 말이다. 즉 변화에 적응하고 대처하는 사람이 하이퍼포머일 때, 미래 사회에서 내 아이의 존망을 결정짓는 키워드는 변화에 대한 적응력을 가진 하이퍼포머로의 성장이다.

변화도 유행이다

40대의 부모와 10대의 아이가 있다. 부모가 겪은 10대 경험은 과거에 있다. 아이에게는 부모의 10대 경험, 사고, 감정, 상황, 시대적인 배경 등은 존재하지 않는 경험이다. 마치 전혀 다른 곳에 살고 있는 이

민족처럼 부모와 아이는 전혀 다른 환경의 경험을 가지고 있다.

아이와 부모가 함께하는 삶의 경험은 아이가 태어난 이후부터 가능하다. 이미 부모와 아이는 살아온 시대도, 세상을 바라보는 시야도, 세상과 어우러지는 방식도 전혀 다르다.

부모 세대에 유행했던 내용들과 그에 따르는 반응 양식은 현재의 아이들이 경험하는 유행의 내용과 그에 대한 반응 양식과 지극히 다르며 또한 달라야 한다는 것을 부모는 이미 알고 있다.

그것은 시대의 흐름에 의한 사회적 변화에서 오는 세대 간의 갭Gap, 즉 세대 차이라고도 표현될 수 있다. 시대적 변화는 나의 외적인 곳에서 일어나는 것으로 나의 개입이 작용할 여지가 없다. 스스로에게 최소한의 선택권이 주어질 수 있다. 시대적 변화를 따를 것인가? 아니면 역행이라는 또 다른 선택을 할 것인가? 둘 중 하나다.

그럼에도 부모는 자신의 어린 시절, 즉 아이에게는 있지도 않은 생전의 이야기를 배우고 익혀 알기를 원한다. 부모 시대의 사고, 신념, 사상 등 부모의 어린 시절 유행을 따라주기를 기대하고 있다. 반면 아이들은 자신이 속한 시대의 유행을 부모가 이해해주기를 기대한다. 이것이 세대 간의 갭이고 세대 차이다.

이 갭은 부모와 아이 모두에게 오해의 소지를 남긴다. 오해가 이해로 돌아서려면 서로가 처한 사회에 대한 이해를 구하기 전에 상대의 상태를 먼저 이해해야 한다. 부모가 잊지 말아야 할 것은 태어나면서부터 세상에 대해 기억하는 아이는 없다는 점이다. 최소의 인지 능력이 있는 상태에서부터의 기억이어야 함께 공유할 수 있다.

사람들은 누구나 자신의 이야기를 하고 싶어 한다. 내 아이도 그렇다. 부모 세대에서 "그땐 그랬지"라고 이야기하는 것들은 지금 아이들에게는 '호랑이 담배 피우던 시절의 이야기'다. 부모의 세대가 "내가 살아봐서 아는데"라고 이야기하는 것에 대해 아이들은 "어른들은 몰라요"라고 이야기할 수 있다.

변화라는 단어는 언제나 처음처럼 생소하고 은근히 두렵지만, 우리 삶 속에 살아 움직이고 있고, 부모인 나도 내 아이도 늘 변화 안에 있다.

Tip 부모와 아이가 속한 사회의 변화 요소들

① 부모 시대에는 성공의 1순위가 무엇이었는가?

② 부모인 나의 어린 시절, 나에게 요구되었던 적응 요소는 무엇이었는가?

③ 내 아이의 미래에 대해 부모 입장에서 가장 두려워하는 것은 무엇인가?

④ 내 아이가 경험하는 사회 변화의 내용은 무엇인가?

⑤ 부모가 바라는 미래 사회의 내 아이의 모습은 무엇인가?

⑥ 부모인 나와 내 아이의 변화 방향(①~⑤를 바탕으로)은 어디를 향하고 있는지(과거, 현재, 미래) 적어본다.

아이와 부모 모두 혼란에 빠진 시대를 구할 무엇인가 필요하다

처음이기에 불안한 부모와 늘 첫 만남이기에 소중한 아이

누구에게나 부모 역할은 처음이다. 미리 준비한다 해도 실제로 아이의 부모가 되는 것은 처음이다. 사람들은 흔히 다둥이 부모에게 이렇게 말한다. "경험이 많아서 아이를 수월하게 키우시겠어요." 이렇게 말하는 동시에 아이들은 한 명 한 명 다른 모습으로 만나고 경험한다는 것도 알고 있다. 부모는 아이 한 명 한 명에 대한 경험이 한 번뿐이기에 늘 새롭고 소중하고 그래서 더욱 불안하고 조급해한다.

우리의 형제자매들이 다 나와 같지 않은 것처럼 내 아이들도 하나

같이 일관되거나 동일하지 않다. 첫아이는 첫아이만의 고유한 특성이 있고 부모는 아이의 고유한 특성에 적응하면서 아이를 성장시키고자 한다. 또한 둘째 아이는 둘째 아이대로 그 아이만의 특성을 가지고 있어 아이에 부합하는 무엇인가를 제공해 성장시키고자 한다.

이처럼 아이마다의 만남은 부모에게는 늘 새로운 경험이다. 즉 부모가 되어 내 아이들과의 만남을 미리 연습하거나 경험한다는 것은 불가능한 일이다. 부모들에게 '처음'이라는 경험에 대한 불안과 두려움은 하나뿐인 소중한 내 아이에 대한 책임의 무게를 더한다.

그런데 이 책임의 무게는 오히려 내 아이들의 진정한 가치와 소중함을 놓치게 한다. 여기서 정말 아쉬운 점은 아이들의 진정한 가치와 소중함을 깨달았을 때는 이미 우리 부모에게 그 시간이 돌아오지 못하는 먼 과거가 되어버려 후회의 덩어리로 남기도 한다는 것이다.

후회의 덩어리는 크면 클수록 깊게 박히고 아이에게는 부모에 대한 믿음을 방해하고 또 부모에게는 내 아이의 소중한 가치를 놓치게 되는 원인이 된다.

요즘 부모가 어렸던 시절에는 생각지도 못했다고 이야기하는 것들, 왠지 나와는 전혀 다른 아이의 모습에 대한 엄청난 당혹감으로 부모가 난처해하는 경우도 적지 않다.

최근의 한 사례다.

7살짜리 아이가 태블릿을 가지고 실시간으로 자기의 상태에 대해 엄마와 의사소통하고 상황을 보고하고 피드백을 받고 있다. 어느 날

회사에서 근무 중이던 엄마에게 유치원에 있는 7살짜리 아이가 문자를 보내왔다.

"엄마, ○○가 나 때렸어."

그 문자를 본 엄마는 1초의 고민도 없이 딸에게 답장했다.

"누구야? 누가 때렸어? 얼른 선생님한테 얘기해!"

아이가 답했다.

"선생님한테 얘기했는데 혼났어."

그러자 엄마는 더욱 빠른 속도로 아이에게 답을 한다.

"어떤 선생님이야?"

아이가 짧게 답했다.

"원장 선생님."

그 문자를 본 엄마는 딸에게 이렇게 답했다.

"알았어. 엄마가 유치원에 전화할게."

자, 이런 문자가 만약 내 아이에게서 왔다면 어떻게 했을 것 같은가?

이처럼 나와 우리 아이가 살고 있는 시대는 내가 나의 부모와 살았던 어렸을 때와는 전혀 다른 초고속 소통을 가능하게 하는 시대다. 위 사례에서 알 수 있듯 초고속 시대는 원인도 생략되고 과정도 생략되어 있다. 초고속 시대는 생각의 틈도 결정의 틈도 배제되어버린 오직 상황과 결정만을 요구하고 있다.

부모와 자녀 모두가 속해 있는 4차 산업혁명의 정보화와 고속화 시대는 어떤 선택과 결정을 위한 탐색이나 점검을 거치기도 전에 우리의 삶에 파고들어 때로는 간접적으로 때로는 직접적으로 부모와 자녀의 삶에 엄청난 영향력을 끼치고 있다. 이 영향은 부모만이 아니라 아이들에게는 더 급속도로 엄청난 파급 효과를 발휘하고 있다.

부모에게도 숨 돌릴 틈이 있어야 한다

수없이 많은 정보 중 내 아이를 위해 선별하고 분별해 제공할 수 있는 시간도 기준도 없어 부모는 버거워한다. 이 버거움은 더 많은 정보를 모으게 하고 자녀 교육에 적용하는 과정에 많은 시행착오를 겪게도 한다.

시행착오를 만회하기 위한 부모의 정보력이 과부하를 일으키면 아이의 상황이나 상태보다 지나치게 정보에만 의존하게 되어 아이에 관한 관심이 오히려 소홀해지기도 하는 것이 부모의 현실이다.

중학교 1학년 자녀를 둔 두 가정의 사례다. 중학교 1학년 A는 부모의 철저한 통제와 제재하에서 자라고 있었다. A의 친구인 B는 부모가 이혼한 뒤 3남매가 아빠와 살고 있으며, 아빠는 출장이 잦은 일에 종사하고 있어 아이들만 집에 있는 경우가 많다. B의 가정은 자는 시간, 등교와 하교, 먹는 것 등이 자유롭고 게임이나 TV 시청도 통제 없이 자유로웠으며, 무엇보다 친구들이 집에 놀러 오는 것도 무척 자유로웠다. A는 시간만 나면 B의 집에서 공부한다고 이야기하고 B의 집에 가곤 했다.

A는 친구 집에서 공부한다는 핑계로 자유롭게 부모의 통제 밖으로 나갈 수 있었다. A는 B의 가정환경이 세상에서 가장 부럽다. 이 아이는 "이혼한 집 아이들이 가장 부러워요"라고 말하고 있다.

반면 B는 "A처럼 부모가 함께 있는 가정이 가장 부러워요"라고 말한다. 어떤 아이가 맞는 걸까? 우리는 섣부르게 판단할 수 없다. 각각의 환경에서 제공되는 유익에 관한 판단 기준은 아이들마다 다르기 때문이다.

A의 부모는 부모로서 최선의 환경을 제공하고자 최선을 다하고 있을 것이며, B의 부모도 마찬가지다. 그러나 A의 부모는 내 아이가 B의 집에서 공부하는 것이 아니라 부모로부터의 통제와 제재에서 벗어나고자 핑계를 만들어냈다는 사실을 알지 못한다. B의 부모도 자신이 집에 없는 사이 B가 어떤 기준도 없이 방만한 생활을 하고 있다는 사실을 알지 못한다. 이때 A의 부모도 B의 부모도 자신이 생각하는 정보를 바탕으로 부모로서의 최선이라고 생각하고 있는 무엇인가를 하고 있다.

부모는 아이가 혼란과 혼돈 속에 있을 때 그 누구보다 먼저 손을 내밀 준비가 되어 있는 사람이다. 그러나 세상에서 쏟아지는 엄청난 정보의 홍수 속에서 혼란과 혼돈으로 우왕좌왕 좌충우돌하는 것이 현재를 살아가는 부모들이다. 부모라면 누구나 경험하고 있는 답답한 현실일 것이다.

부모라면 아이들을 위해 무엇인가를 계속 하지 않으면 그리고 잠시라도 세상에서 쏟아져 나오는 정보에서 눈을 떼면 안 될 것 같은 초조함을 어느 정도 경험하고 있다. 부모의 초조함은 아이와 부모 모두에게 옳고 그름을 분별할 겨를도 없이 무엇인가를 계속 하게끔 종용하게 되고 이 과정은 부모와 아이 모두에게 벅찬 숨을 몰아쉬게 한다. 자신의 호흡조차 버거워진 부모는 내 아이의 진정한 가치와 소중함을 놓쳐버리게 된다.

그렇다면 이 시대를 살아가는 부모로서 우리는 어떻게 최선의 선택을 할 것이며, 그 선택에 따라 무엇을 할 수 있으며, 내가 하고 있는 그것은 온전히 내 아이와 나에게 최선의 것이었는가에 대해 숨을 고르며 숙고할 시간이 필요하다.

믿음을 주는 부모, 흔들리지 않는 아이

한 아이가 문제 상황에 놓이게 되면 주변에서는 대부분 이렇게 이야기한다.

"부모가 관심이 없어 아이의 문제를 발견하지 못했다."

또 다른 사람들은 이렇게 이야기한다.

"아이를 과잉보호해 문제를 인지하지 못했다."

어떤 것이 진실일까?

말을 잘 하지 않는 아이가 있다. 부모와 주변 사람들은 "아이가 소극적이고 소심하다"고 한다. 또 다르게는 "아이가 얌전하다"고 한다. 이 아이는 얌전한 것일까? 아니면 소극적이거나 소심한 것일까?

사람이 사람을 바라보는 시각과 생각이 변하는 것처럼 세상도 변한다. 이 변화 속에서 부모가 중심을 잃는 경우가 있다. 그런데도 부모가 되는 그 순간부터 한결같아야 하는 것이 있다. 그것은 부모가 가지는 아이에 대한 믿음, 자식에게 주어야 하는 부모로서의 믿음이다.

《백만 불짜리 습관Million Dollar Habits》(용오름, 2005)의 저자 브라이언 트레이시Brian Tracy는 "신뢰는 인간관계를 이어주는 접착제다. 신뢰의 기반은 진실성"이라고 말한다.

부모가 일관성 있게 "네가 어떤 상황에, 어떤 환경에 처해 있더라도 엄마는, 아빠는 이 자리에서 항상 너를 기다리고 너를 믿어줄 것"이라는 말에 대한 확신이 아이들에게는 필요하다.

부모에게 있어 자녀에 대한 모든 경험이 처음인 것처럼, 아이에게도 자신이 살아가는 그리고 살아갈 삶의 경험들은 모두 처음이다. 부모는 아이에게 확신을 주어야 한다. '나의 부모는 언제까지나 나를 기다릴 거야. 그리고 나는 내가 원하면 언제나 돌아갈 곳이 있어'라는 확신과 믿음을 심어주어야 한다는 말이다.

아이의 혼란과 고민이 초기였을 때는 부모에 대한 믿음을 바탕으로 되돌릴 수 있다. 부모로서 역할과 개입을 하는 데도 타이밍이 필요하다. 부모와 아이의 관계 내의 믿음이라는 것은 어느 날 갑자기 한순간에 이뤄지는 것이 아니다.

반복된 시간의 양을 통해 서로에 대한 믿음이 쌓여야 아이가 부모에 대한 깊은 신뢰가 뿌리를 내려 아이 자신의 것이 된다. 이렇게 깊이 뿌리를 내린 부모에 대한 신뢰와 믿음은 세월이 흘러도, 그리고 어떤 상황에서도 한 사람의 의식을 잡아주고 지탱해줄 힘이 된다.

아이가 어쩌다가 스스로의 위치와 역할에서 벗어나는 일이 생기더라도 다시 돌아가도 된다는 생각과 믿음, '나는 이제 돌이킬 수가 없어'가 아닌 '언제든 다시 돌아갈 곳이 있다'는 믿음의 뿌리는 '나는 다시 돌이킬 수 있다'는 의식의 터닝 포인트turning point가 되어준다.

부모와 아이의 서로에 대한 믿음의 뿌리가 의미하는 것은 과거로 시간을 돌린다거나 다시 할 수 있다는 것이 아니라 자신의 자리로 올 수 있다는 것이고 그 시점은 지금, 바로, 현재 시점을 의미한다. 이 시점에 시도되는 새로움을 받아들이는 것이다. 부모에게 아이는 소중하고 아이에게도 부모는 소중한 존재라는 변치 않는 믿음과 신뢰로 새로움을 받아들이는 것이다.

𝒯𝒾𝓅 부모와 아이 사이에 믿음이 생기려면

① 내 아이에게 부모인 내가 전달하는 믿음의 내용에는 어떤 것들이 있는가?

② 부모로서 아이에게 믿음을 주기 위해 무엇을 하고 있는가?

③ 내 아이의 어떤 모습이 내가 전달한 믿음에 대한 반응이라고 생각되는가?

④ 내 아이가 부모(나)를 믿고 있다는 것을 어떻게 알 수 있는가?

⑤ 내 아이는 부모(나)에게 어떤 의미인가? 부모로서 아이에게 믿음을 줄 수 있도록 일관된 모습을 보여주고 있는가?

⑥ 내 아이와 부모(나)의 믿음이 보여준 모습(①~⑤를 바탕으로)은 부모(나)에게 어떤 생각을 하게 하는지 생각해보고 적어본다.

2장

what

부모가 배우기 시작하면
내 아이의
인생이 달라진다

지금 부모에게
필요한 사람은 누구인가?

부모는 강하지 않다

왠지 부모라는 단어는 늘 같은 모습으로 같은 자리에서 묵묵히 많은 것을 이겨내야만 하는 것처럼 느껴진다. 세상은 이렇게 이야기한다. "부모는 강하다." 하지만 부모는 강한 것이 아니라 강한 척하고 있는지도 모른다.

'부모는 강해야 한다'는 당연하지 않은 생각이 당연시되고, 이 당연함은 다시 부모에게 강한 신념이 되어버렸다. '부모는 강하지 않다.' 특히 내 아이와 관련해서는 더 그렇다. 내 아이의 작은 변화 하나에도 민감해지고 약해져 무너져 내리는 것이 부모다.

그런데도 '부모는 강해야 한다'는 강한 신념은 부모가 아이에게 전달하는 메시지의 겉모습과 속뜻이 어긋나게 표현되어 전달되게 한다. 이러한 양면은 부모에게도 아이에게도 자신에 대해 진실해지는 것과는 점점 멀어지게 하는 원인이 되기도 한다.

오래전 50대 후반의 아버지와 코칭을 한 적이 있다. 남매를 둔 아버지는 고등학교 2학년 아들과의 관계가 원만하지 않아 꽤 힘들어하고 있었다. 그 아버지의 이야기를 들어보면 보통 아버지의 모습이 그대로 보인다.

아이가 걱정되어 "일찍 다녀라!", "나쁜 친구들과는 사귀지 마라!", "공부해라!" 등의 잔소리를 한다. 그런 이야기를 하는 부모의 진심에는 아이가 잘 되기를 바라는 마음과 자녀에 대한 사랑과 관심이 있다.

그런데 이 마음이 지나쳐 아버지는 아들이 어떤 친구들을 만나는지 휴대폰 통화 내역을 확인하고 늦게 오는 아들을 들어오는 시간까지 기다렸다가 훈육하느라 새벽까지 잠도 못 자고 떨어지는 성적에 화가 나 "배가 불러 노력을 안 한다"고 핀잔을 주곤 했다.

얼마쯤 지났을까. 아들이 아예 집에서 나가 친구 집에서 지내고 있단다. 아버지는 아이가 밥은 잘 챙겨 먹고 다니는지, 학교는 잘 가는지 궁금해 아이에게 전화해도 받지 않고 문자를 해도 답이 없다. 그래도 직접 찾아가는 것은 안 하겠단다. 이유는 '집 나가면 고생'이라는 것을 아이 스스로 경험해보아야 부모 고마운 줄 깨닫게 된다는 것이다.

답이 없는 아들을 기다리는 것이 답답해진 아버지는 문자로 '너 다시는 집에 들어올 생각도 하지 마!' 하고 겁을 주었다. 이 아버지는 아들의 소식이 궁금하고 걱정이 되면서도 부모는 강해야 한다고 여전히 생각하고 있었다.

고등학교 2학년 아들은 어땠을까? 아마도 "우리 아버지는 내가 없어도 아무렇지도 않아! 문자로 '너 다시는 집에 들어올 생각도 하지 마'라고 보내셨거든"이라고 말하며 오히려 섭섭해하고 있을지도 모른다.

'부모는 강해야 한다'는 왜곡된 신념은 오히려 더 많은 오해를 불러일으킬 수 있다. '부모는 강하지 않다.' 이 아버지는 그 누구보다 걱정하고 있었고 불안해하고 있었다. 부모 스스로가 아이에 대한 걱정을 화나 억울함 같은 모습으로 잘못 해석하고 오해된 내용대로 행동하고 있었을 뿐이다.

아버지에게 나는 다시 물었다.

"지금 아버지의 상황을 당신의 아버지가 보고 있다면 어떤 말씀을 해주실까요?"

아버지는 한참 뒤 "속 끓이지 말고 기다려. 그래도 힘들면 찾아가서 말을 해라!'라고 이야기해주셨을 것 같다"고 말했다.

이 아버지의 말 속에는 진심이 들어 있다. 부모의 아버지 생각이라 여기고 이야기하고 있지만, 그것은 자신이 전달하고 싶은 아버지로서의 마음을 자신의 아버지라는 대상을 빌려 이야기한 것이다. 차마 직접 할 수 없었던 말을 화자를 옮겨 전달하고 있다는 말이다.

이 아버지는 아마도 애를 태우지 않고 아들을 찾아가 이야기하고 싶었으나 '부모는 강해야 한다'는 신념에 발목이 잡혀 그 상황에서 새로운 돌파구를 찾기 위해 코칭을 의뢰했는지도 모른다.

많은 부모가 이 아버지와 비슷한 상황을 겪는다. 답답하고 어쩔 줄 몰라 방황하고 힘겨워할 때가 있다. 이런 사례는 비단 이 아버지만의 일은 아닐 것이다.

사실 아버지와 아들은 서로 자신의 이야기를 하느라 상대의 이야기를 들을 수 없었는지도 모른다.

상대의 이야기를 들을 수 없다는 것은 자신의 이야기도 제대로 들을 수 없음을 의미한다.

에이브러햄 링컨Abraham Lincoln은 이런 말을 했다. "3분의 1 정도 되는 시간을 내가 말하는 것과 나 자신에 대해 생각하는 데 쓰고 나머지 시간은 상대방과 그가 하는 말을 생각하는 데 쓴다."

소통을 위해서는 교류가 필요하다. 진정한 교류와 소통은 '~하는 척' 그리고 '~인 척'의 척을 없애고 감정, 정서, 사고 등의 공유를 통해 나를 알고 상대를 이해하고 공감하는 범위까지 도달하는 것이다.

무엇을 하고 싶은 걸까?

'내 아이는 어떤 생각을 하고 있을까?'를 생각해보라고 이야기하면 아이 입장에서 생각해야 하는데 대부분의 부모는 아이의 입장에 대해 생각한다면서 자신도 모르게 부모 입장으로 돌아가 생각한다. 그러나 대부분의 부모는 그것이 부모 자신이 가지고 있던 생각이라고 이야기하기보다는 아이를 위한 부모의 마음이라고 이야기하는 경우가 더 많다.

부모들이 이야기하는 이 마음이라는 것에 담겨 있는 것을 살펴보면 공부 잘하는 아이, 부모 말 잘 듣는 아이, 자기 일을 스스로 잘하는 아이, 착한 아이 등으로 부모들이 바라는 내 아이에 대한 기대로 가득한 경우가 대부분이다. 이 기대들에 대해 부모는 내 아이가 잘 되고 잘 살기를 바라는 마음의 표현이라고 말하고 있다.

부모가 가지고 있는 내 아이에 대한 기대를 채우기 위해 부모는 엄청난 노력을 기울이고 있으나 노력을 행동으로 옮겨야 하는 것은 내 아이다. 즉 부모는 내 아이에 대한 자신의 기대를 채우기 위해 노력하고, 그 노력에 대한 실천의 주체는 아이가 된다. 부모가 하는 이 노력이라는 단어의 내용이 진정 내 아이의 입장에서 내 아이의 성장과 발전만을 온전히 담고 있지는 않다. 그 노력이라는 것의 내용에는 부모가 가지고 있는 자녀에 대한 기대를 충족시키기 위해 선택된 것들이 자리 잡고 있을 수 있다.

부모 자신이 가지지 못한 것, 가지고 싶은 것, 누리고 싶은 것, 얻고 싶은 것 그리고 무엇보다 아이의 성공이 곧 자신의 성공이라고 생각하는 것에 부합하는 것들을 바탕으로 구성된 부모 자신이 얻고자 하는 것일 수 있다.

이것은 나를 중심으로 나의 현재 상태와 욕구에 부합하기를 원하는 나의 마음이고 거기에 더해 내 아이, 내 딸, 내 아들 그리고 부모인 나까지도 하나로 동아리를 지어 묶어놓고 내가 이쪽으로 움직이면 내 주변의 모든 것이 함께 움직여주기를 기대하고 또 저쪽으로 움직이면 또 그렇게 따라서 움직이기를 기대하는 부모인 나만의 마음이다.

언젠가 강의 중에 엉뚱한 이야기를 한 적이 있다.

"태산을 옮겨 발밑에 놓을 수 있는 분 또는 태산더러 낮아지라고 해 평지를 만들고 정상에 오른 후 다시 태산으로 변신시킬 수 있는 분?" 하고 생뚱맞은 질문을 던졌다.

내 아이가 태산이라고 하고 그 태산의 정상에 무엇이 있는지 궁금해졌다고 하자. 그런데 정상에 오르려면 힘들고 시간도 오래 걸리고 가는 길에 어떤 일이 생길지도 모른다. 그 과정이 얼마나 험난할지 또는 순조로울지 우리는 알지 못한다.

태산의 정상이 궁금하다면 한 번도 경험해보지 못한 것에서 오는 두려움을 감수해야 한다. 태산의 정상에 부모라는 깃발을 꽂아야 한다고 할 때 우리가 그 산을 오르는 방법 외에는 없다. 그런데도 가끔은 태산 보고 자신의 발밑으로 들어오라고 하는 경우가 있다. 이것이 불가능하다는 것은 누구나 알고 있다.

직접 오르지 않고는 태산을 알 수 없다. 그런데 아이의 상태에 따라 반응하기보다는 내 상태에 따라 아이를 대하고 있다.

우리는 항상 반복적이고 일상적인 경험만 하면서 살아가는 것은 아니다. 늘 새로운 삶을 살아간다. 부모에게 자녀는 참 많은 새로움을 제공하는 존재다. 부모에게 자녀는 정말 태산과도 같은 존재로 많은 것을 경험하게 하기도, 인내를 요구하기도, 한숨과 고난을 주기도 그리고 기쁨과 희망을, 뿌듯함과 감동을 주기도 한다.

부모는 아이가 무엇인가를 하게 만드는 사람이라기보다 아이가 무엇인가를 시도할 수 있게 해주고 그것들을 찾아보고 드러내 말하고, 그것을 경험할 수 있게 해주는 사람이다. 동시에 부모에게는 부모 스스로에 관해 이야기하고 다독이는 것이 필요하다.

Tip **마음 들여다보기**

① 내가 하고 있는 강한 척에는 무엇이 있는가?

② 부모인 나의 강함이 아이에게는 어떤 모습으로 보이는가?

③ 강한 척이 부모인 나에게 어떤 의미인가?

④ 내 아이를 움직이기 위해 부모인 나는 무엇을 하고 있는가?

⑤ 내가 강한 척을 해야 하는 이유는 무엇인가?

⑥ 정리한 내용(①~⑤를 바탕으로)들이 나에게 주는 교훈은 무엇인가?

아이가 생기기 전부터
부모의 역할을 고민해야 한다

부모가 되기 위한 준비물

사람들은 아이가 생겨야 부모가 된다고 생각한다. 그러나 아이가 생기기 전부터 부모가 되기 위한 많은 준비가 필요하다. 준비되지 않은 부모는 자신이 부모로서의 올곧은 부모관을 가지지 못한 채 그때그때 상황에 대처하는 임기응변으로 부모의 역할에 합류하게 된다. 이것은 마치 전쟁터에 나가는 군인이 전장에 필요한 기초 지식과 상식, 그 어떤 정보도 가지지 못하고 실전에 투입되는 것과 다름없다.

이는 부모에게도 아이에게도 굉장히 위험한 전쟁이 될 것이다. 물론 완벽하게 준비된 부모는 있을 수 없다. 아무리 노력하고 준비해도 내 아이와의 만남에는 수많은 변수가 존재한다. 부모인 본인도 어렸을 때 부모와의 관계에서 수많은 희로애락을 겪었을 것이다. 부모가 나에게 이렇게 지지해주었다면, 나를 이렇게 믿어주었다면 하는 아쉬움도 있었을 것이다.

그게 전부 의도한 것들은 아니었으나 의도되었든 의도되지 않았든 그러한 경험들을 제공한 부모 또한 그때는 그것이 최선이었을 것이다. 지금 우리가 우리 자녀들에게 최선을 다하고 있다고 생각하는 것처럼 말이다.

아무리 준비해도 완벽하지 못하기에 부모의 준비를 하지 말라는 이야기가 아니다. 다만 이 챕터를 통해 전하고 싶은 메시지는 최소한의 부모 역할이 무엇인지에 대한 기본 인식은 가지고 있어야 한다는 것이다.

그 첫걸음으로 부모가 되기 전에 부모 역할에 대한 나름의 그림을 그려보자. 여기서 중요한 점은 내 아이를 어떻게 키울 것인가가 아니라 어떤 사람으로 살아가게 할 것인지에 대해 생각해보고 정리해보는 것이다.

아이가 어떤 이상과 가치관을 가지고 살아가게 할 것인가? 아이가 주변과 세상에 어떤 긍정적인 영향을 끼치는 인재로 자라게 할 것인가? 이를 좀 더 거시적 안목으로 바라보는 부모가 되기 위해 어떤 것을 필요로 하는가 생각해보고 준비해보자.

아이의 창의력과 잠재력을 극대화시켜 한 인간으로서 살아가는 동안 최상의 가치를 창조하는 존재로 성장시키려면 부모가 할 수 있는 것들에는 과연 어떤 것들이 있을까 준비해야 한다.

또 아이가 행복의 의미를 온전히 경험할 수 있는 사람으로 키우고, 나아가 부모는 늘 자녀의 지지자이며 격려자로 함께한다는 믿음을 주는 부모의 역할이 무엇인지 고민해봐야 한다.

대부분의 사람들은 결혼, 취업, 진로 등과 같은 것에는 나름의 의미와 가치를 부여하며 계획을 한다. 물론 결혼 계획에 자녀 계획이 포함되는 경우도 있다. 그러나 부모 역할에 대한 계획은 없다. 부모 역할에 대한 계획은 대부분 자녀를 출산한 이후 즉 이미 전쟁터에 나간 후에 시작된다. 그런데 역할 계획이라기보다는 자기의 자녀관이나 양육 계획, 자녀 교육 계획을 세우기 시작한다.

결혼을 생각하면서 '이런 사람과 이런 삶을 이렇게 살고 싶다'는 나름의 로망과 계획을 펼쳐본 적이 있을 것이다. 진로나 취업과 관련해서도 이런 학교, 이런 학과, 이런 회사에 들어가고 관련 자격증을 따고 어느 정도의 연륜 또는 경력이 쌓이면 이런 직위와 자리에 오르고 경제적 안정을 갖겠다는 등의 계획과 기준을 세워본 적도 있을 것이다.

누구나 한 번쯤은 딸 하나 아들 하나, 딸 둘 아들 둘 등을 낳아 이렇게 키우고 교육하고 가르치겠다는 생각을 해본 경험도 있을 것이다.

그렇다면 부모 계획에 대해 생각해본 사람은 얼마나 있을까? '부모 계획'이라는 용어는 들어본 적은 있는가? 부모 계획이란 내가 원하는 이상적인 부모가 되기 위해 나 스스로를 어떻게 통제하고 조절하느냐에 관한 계획을 말한다. 부모 계획을 통해 부모 역할에 대한 기본 틀을 가지고 있으면 부모로서의 역할에 대한 조급함이나 불안에서 좀 더 자유로울 수 있다. 이런 자유로움은 자녀에게도 고스란히 전달된다.

부모 계획

부모 계획이 있다는 것은 부모관이 나름대로 정립되어 있음을 의미한다. 대부분의 사람들은 부모관이 명확하게 정립되지 않은 상태에서 부모가 된다. 명확한 부모관을 계획하지 못했던 부모들은 부모의 역할과 범위의 기준점을 찾지 못해 아이와의 관계에서 벌어지는 상황에 대한 대처 방안을 몰라 방황하고 우왕좌왕 안절부절못하며 '이것이 옳은가 저것이 옳은가?' 하면서 버거워한다.

여기에 부모 개인의 문제 또한 산재한다. 어떤 때는 자녀가 특별히 문제를 나타내지 않는 상황에서 부모 역할의 중요성이 제2, 제3의 항목으로 소외되어 부모 역할의 중요성과 의미를 잠시 망각해버리는 경우도 있다.

2005년, 과학 학원을 운영하던 나는 대통령배 과학 경시 대회가 있어 학원생들을 데리고 지방에 내려가야 했다. 그 전날 밤늦게까지 학생들, 강사들과 함께 밤을 새우다시피 준비하고 새벽 일찍 대회 장소로 향하느라 정작 중학생 아들의 아침을 준비하지도 못했고 아이를 깨워주지도 못했다.

밤늦게 돌아온 나에게 아들은 시무룩한 표정으로 말했다.

"나 오늘 지각했어요. 미리 얘기해주지 그러셨어요."

내 아이는 우선순위에서 밀려도 한참 밀려 있었던 것이다. 아이는 늦은 밤 이불을 뒤집어쓰고 울면서 이렇게 말했다.

"엄마는 나보다 학원생이 더 중요하지! 나한텐 관심도 없잖아."

나는 아이에게 부모로서 믿음을 주지 못했던 것이다.

이처럼 사람은 여러 역할을 동시에 수행하며 살아가고 있고 본인의 의지와는 상관없이 다양한 역할을 맡기도 한다. 여러 역할을 동시에 수행하다 보면 자녀에 대한 부모로서의 역할이 조금은 소홀해질 수도 있다. 이것은 아이를 사랑하지 않는다거나 아이에게 관심이 적어서가 아니라 부모 역할 외의 역할에 더 많은 에너지를 집중하기 때문이다.

따라서 부모가 되기 전부터 나름의 일관된 부모로서의 역할에 대한 부모관에 바탕을 둔 부모 계획을 가져야 한다. 그래야 즉흥적으로 상황을 대처하고 모면하는 부모가 아닌 좀 더 나은 준비된 부모로서, 아이에 대한 부모로서의 의미와 역할에 유연하게 대처할 수 있다.

이처럼 부모 준비를 하고 관련 정보를 바탕으로 학습된 부모는 일관된 행동 양식을 아이들에게 보여줄 수 있을 것이다. 아이들이 문제 상황에 노출되었을 경우에도 방황하거나 우왕좌왕하지 않고 의연하게 대처할 수 있을 것이다. 이렇게 되면 아이에게 굉장히 큰 버팀목이 되어줄 것이다.

𝒯𝒾𝓅 부모 계획 시 고려할 부분

① 아이의 미래 계획에 부모의 비전을 우선할 것인가? 아니면 아이의 비전을 우선할 것인가?

② 부모로서 아이에게 어떻게 긍정적 영향을 줄 수 있는가?

③ 아이에게 어떤 부모가 될 것인가? 부모로서 해야 하는 것은 무엇이고 하지 말아야 하는 것은 무엇인가?

아이 탓 그만,
부모부터 잘하자!

부모는 자녀에게 무엇을 주고 있는가?

'자녀 교육' 혹은 '부모 교육'에서 부모는 늘 아이에게 무엇인가를 제공해야 하는 사람, 주어야만 하는 사람으로서 공급자이고 아이는 수용자로 이분된다. 무조건적 제공은 온전히 부모의 몫이고 무조건적 수용은 아이의 몫이라고 생각하고 있을지도 모른다.

부모는 아이가 원하고 있을 때나 원하지 않고 있을 때조차 무엇인가를 주고자 하는 간절함이 넘친다. 주고도 아쉬워하고 미안해하는 애틋함으로 늘 노심초사한다. 그런 마음이 한두 번, 하루 이틀의 경험이 아니라 늘 이어진다.

그런데도 아이는 늘 부모가 제공하고 있는 것들에 만족하지 못한다. 오히려 부모는 아이가 하는 거부와 부정의 표현으로 인해 상처받기도 한다. 부모는 늘 최선이라고 생각하는 것들을 제공하려고 동분서주하고 있음에도 불구하고 말이다.

부모에게는 그때의 선택, 그 상황에서의 결정이 최선이었을 수 있다. 정말 그럴까? 한번쯤 접했을 법한 호랑이와 소 부부의 이야기를 해보자.

소는 사랑하는 호랑이를 위해 소가 생각하는 최상의 풀을 뜯어 호랑이에게 가져다준다. 호랑이도 자기가 생각하는 최상의 고기를 구해 소에게 선물한다. 시간이 어느 정도 흐르자 소와 호랑이는 서로 견딜 수 없이 힘들어한다. 상대를 위해 늘 최상의 것을 구해다 주었는데 즐겁거나 기쁘거나 행복하지 않았기 때문이다.

그러고는 서로에게 말했다.

"애정이 식었어!"

"내가 얼마나 당신을 위해 최선을 다했는데!"

"내가 당신을 얼마나 사랑하는데!"

소와 호랑이의 이야기를 부모와 내 아이의 관계로 적용해보자. 소는 소대로 호랑이는 호랑이대로 자신은 최선을 다했고 상대가 자신의 정성과 최선을 알아주지 않는다고 섭섭해하고, 상처받는다. 이처럼 부모는 자신의 위치에서 늘 최상의 것을 제공하지만 자녀의 반응에 상처받고는 한다.

한 아이의 사례를 살펴보자. 초등학교에 다니는 아이를 둔 가정이다. 지금도 그렇듯 그때도 대부분의 부모가 자녀를 학원에 보냈다. 학원 종류도 정말 다양하고 그 형태도 천차만별이었다. 아이의 부모는 나름대로 이곳저곳 알아보고 주변 엄마들의 조언도 들어보며 고민하던 끝에 학원비가 조금 비싸긴 해도 성적이 오르고 관리도 잘한다는 학원을 선별해 등록했다.

몇 달 후 시험을 보았는데 아이의 성적에 전혀 변화가 없었다. 부모는 실망스러운 나머지 아이에게 이렇게 말했다.

"다른 아이들은 그 학원 다니면서 성적도 오르고 특별반으로 배정도 받았다는데 넌 왜 변화가 없니? 그 학원 들어가려면 몇 달을 대기해야 하거든. 엄마가 부탁해서 간신히 넣어준 학원인 거 알고나 있니!"

"엄마가 가랬잖아요."

그때 아이의 답은 이랬다.

아이의 부모는 부모 입장에서 최상이라고 생각한 것을 아이에게도 최상일 것으로 여기고 권했던 것이다. 혹 아이가 원하는 최선이 아니었을지라도, 부모가 들인 그 최선의 노력과 의도에는 두말할 것도 없이 아이를 사랑하고 아이가 잘 되기를 바라는 마음이 담겨 있다. 이처럼 부모의 어떤 행위와 의도는 서로 다른 방향으로 해석되어 다른 결과를 불러일으킬 수도 있다.

부모인 당신이 나도 모르게 탓하고 있는 것

소와 호랑이처럼 우리는 서로 상처라는 마음의 흔적을 남기고 있다. 어쩌면 그 상처들이 오랜 시간 방치되어 짓무르고 썩어가고 있음에도 그 고통을 느끼지 못하고 있거나 고통스러워도 표현하지 못하고 있을지도 모른다.

부모는 아직도 자신을 돌아볼 틈도 없이 또 다른 최선을 찾고 있기 때문이다. 그렇게 힘겹고 버거워하며 이렇게 말하고 있다.

"나는 너를 위해 최선을 그리고 모든 힘을 다하고 있어!"

그렇다. 부모는 온 힘을 다하고 있다.

'이게 최상이야. 이게 최선이고. 난 너를 위해 모든 것을 포기하고 희생하고 있어. 넌 그것에 대한 감사와 네가 누리는 혜택을 모르는 거야! 어떻게 모를 수가 있니?'

마음 깊은 곳에서 이렇게 외치고 있을지도 모른다. 부모인 내가 너에게 준 것을 너는 왜 모르느냐고 섭섭해하고 안타까워하고 있을 수도 있다. 부모인 내가 아이로부터 채우고자 하는 것을 얻고자 아이를 나의 최선의 방향으로 종용하고 있을지도 모른다.

부모인 내가 생각할 수 있는 것들의 수준과 범위 그리고 아이가 할 수 있는 것들의 수준과 범위는 분명히 다름에도 불구하고 부모인 우리는 아이가 가진 수준과 범위 그 이상을 생각하게 된다.

특히 아이의 나이가 어리면 어릴수록 아이의 가능성 이상을 부모 스스로 설정하고 혼자 불안해하고 좌절하면서 부모가 주고자 하는 최선의 것들을 주고자 시도하고 반복적으로 자신과 아이를 한 방향을 몰아간다.

"당신은 최선을 다하지 않았어! 당신은 너무 경솔하고 성급한 부모잖아! 부모라는 사람이 뭐 하는 거야?" 하는 질책을 고스란히 받아들이고 상황을 인정하고 돌이키기에는 자신이 들인 노고의 시간이 너무 아깝고, 지금까지 내 아이를 위해 나름대로 최고의 선택을 하고 최선을 다해온 지금 이 순간까지의 노력을 아무것도 아니었던 것처럼 받아들이기에는 부모로서 감수해야만 하는 고통이 너무 크기 때문이다.

부모는 내 아이를 위해 최선으로 여기며 살아온 그 긴 시간을 아무것도 아닌 양 지우기에는 자신의 존재가 너무 무의미해지고 작아지는 경험을 하게 될지도 모르는 현실이 두렵다.

어쩌면 부모인 나에게도 핑계가 필요한지도 모른다.

"아이가 적응을 잘 못 해요." "집중력이 떨어져요." "산만해요." "소심해요."

이런 핑계들은 최소한 '나는 괜찮은 부모'라는 생각을 유지해주고 나는 부모로서 내 아이에게는 '필요한 것을 찾아 제공하고 있는 최선을 다하는 부모'라는 인식을, 그리고 남들에게는 '열심히 하는 부모, 부족하지 않은 부모'라는 이미지를 남겨 자기 위안의 도구를 만들기도 한다. 아니면 내 탓이 아닌 아이 탓, 주변 탓, 상황 탓, 환경 탓 등으로 돌려 자신을 보호하기 위해 무엇인가를 탓할 수 있는 대상을 물색 중일 수도 있다.

부모도 보호 받고 인정받고 의지하고 싶기 때문이다. 부모에게도 보호자이며 안내자이고 지지해줄 누군가 필요하다.

아이는 부모 꿈의 구원 투수가 아니다

누구나 자신의 상처에 대해 민감하다. 특히 부모는 아이로 인해 받아야 하는, 또는 받을 수 있는 상처에 대해 민감해질 수밖에 없다. 부모에게 내 아이는 그 누구보다 그 무엇보다 소중하다.

부모 자신의 상처로 인해 느껴지는 고통의 크기와 내 아이의 상처로 인해 느껴지는 고통의 크기는 같은 크기의 상처라 할지라도 다르다. 내 아이의 상처로 인한 고통의 크기가 더 크게 다가온다.

나에 대한 질책은 어느 정도 감수할 수 있다. 그러나 내 아이에 대한 질책은 내 아이만의 것이 아니라 자신의 미래 희망과 가능성에 대한 좌절로 느껴지고 그렇게 받아들여진다. 어쩌면 나에게 부족했던 것, 내가 가지고자 했던 것, 내가 채우고자 했던 것들에 대한 것, 즉 내가 충족하고자 했던 것 중 충족되지 못한 것에서 오는 여운과 아쉬움이 내 아이에게 하는 나의 최선의 선택에 대한 내용에 영향을 끼치고 있다.

어떤 부모는 어린 시절에 정말 피아노를 치고 싶었다. 그런데 피아노를 살 수도 배울 수도 없었다. 이 부모는 두 아이를 6살 무렵부터 각각 피아노학원과 바이올린학원에 보냈다.

부모 자신이 음악을 하고 싶었던 것처럼 아이도 분명 원하고 있을 거라는 확신을 가지고 있었다. 정작 아이들은 피아노도 바이올린도 즐거워하지 않았다. 과제에 대한 스트레스를 느껴 학원에 갈 시간이 되면 머리나 배가 아프다고 호소했다. 부모는 아이들을 달래기도 하고 칭찬도 해보고 했으나 달라지는 것은 없었다.

결국 부모는 학원을 찾아가 상담을 청했다. 두 아이를 담당하는 학원 선생님은 이렇게 말했다.

"부모님이 많이 바쁘신가 봐요. 과제 관리가 잘 안 되는 것 같더라고요. 거기에 남자아이들이라 그런지 음악에 관심도 적고 집중력도 떨어지고요. 그러다 보니 다른 아이들보다 진도가 느려서 점점 학원에 오는 발걸음이 무거운 것 같아요. 아무래도 부모님이 좀 더 신경을 써주셨으면 좋겠습니다."

상담 후 학원을 나서는 부모는 화부터 났다. 꼭 부모인 내가 아이에게 관심이 없어서 아이가 학원에 적응을 못 하는 것처럼 느껴졌다. 아니 내 아이가 다른 아이들보다 무엇인가 부족하다는 이야기처럼 들렸다. 그 부모는 자신에 대한 질책보다 아이 능력에 대한 질책이 더 억울하고 부모로서 참을 수 없었다.

자신이 생각해온 내 아이가 가진 가능성이 소멸된 것 같았다. 자신의 소중한 아이를 위해 선택한 부모로서 최선의 행동이 무시되고 좌절된 것처럼 느껴지는 것은 물론 자신의 꿈의 대타가 일순간에 부서진 것 같았다.

이런 최선의 선택이 부모인 자신과 아이 모두가 충족될 것이라는 부모 개인의 믿음과 함께 내 아이의 행복한 미래를 만드는 요건이라고 생각할 수도 있다.

대부분의 부모는 외부로부터의 비난이나 편견으로 내 아이가 상처받거나 고통받게 될 것으로 여겨지는 것들에 맞닥뜨리게 되면 자신과 아이 모두의 미래에 대한 가능성에 대한 위협으로 여겨 불안해진다.

내 아이는 내가 아니다

부모가 경험하는 것과 아이의 미래에 대한 두려움 또는 불안은 고스란히 내 아이의 경험으로 받아들여질 수 있다. 반대로 부모가 경험하는 것과 아이의 미래에 대한 설렘과 기대, 열정은 고스란히 내 아이의 경험이 되고 있다.

부모 자신도 모르게 부정적 사고로 이끄는 작은 습관들은 하나둘 쌓여 큰 습관이 되어 두려움으로 자리 잡게 된다. 이 두려움은 의도치 않게 내 아이의 부정적 사고와 좋지 않은 습관을 형성하는 데 영향을 끼치기도 한다.

한번은 어떤 부부가 코칭 중에 이런 이야기를 했다.

"우리 아이는 매일 찡그리고 다녀요."

그래서 내가 물었다.

"아이가 일주일 내내 단 한 번도 웃거나 찡그리지 않은 모습을 보지 못했다는 말씀이신가요?"

엄마가 답했다.

"그건 아니지만 대부분 그런 것(찡그리는 것) 같아요."

그래서 다시 물었다.

"부모님은 아이가 매일 찡그린다고 이야기하는데, 왜 그렇게 느끼시나요?"

아빠가 말했다.

"아이의 찡그리는 모습이 거슬려요."

나는 또 물었다.

"아이가 찡그리는 모습을 보았을 때 어떻게 했나요?"

엄마는 인상을 펴라고 하고 불만이 뭐냐고 물어보기도 하는가 하면 따로 불러 이야기도 해보았단다. 나는 다시 물었다.

"아이가 찡그리는 것이 왜 문제인가요?"

"별문제는 없지만, 왠지 부모에게 불만이 있는 것처럼 또는 가정에서의 생활이 마음에 들지 않는 것처럼 느껴져서 마음이 불편해요."

아빠가 답했다. 나는 다시 물었다.

"아이가 웃거나 찡그리지 않을 때는 어떻게 하셨나요?"

"그때는 별로 신경 쓸 필요가 없잖아요."

여기서 우리는 부모가 무엇에 집중했는지 알 수 있다. 부모 자신도 모르게 부정적 사고로 이끄는 작은 습관을 쌓고 있었던 것이다. 아이의 웃는 모습이나 찡그리지 않는 모습에 반응하는 것이 아니라 찡그리는 모습에 반응해 부모 스스로 부모의 부정적 에너지를 부르고 그

에너지는 아이의 찡그리는 모습에 대한 피드백으로 아이의 찡그리고 다니는 행위를 강화하고 있다.

《청소년기에 벅찬 숨을 돌리는 청소년 코칭》(지식공감, 2017)이라는 책에 "에너지는 집중하는 곳으로 흐른다"는 말이 나온다. 부모 본인이 만족한 상태여야 아이에게도 여유와 안정을 제공하게 되고 이 여유와 안정은 내 아이가 성장하는 데 밑거름이 되어 세상으로부터의 풍파에 자신을 지탱하고 유지하는 거목이 되어 그 뿌리를 견고하고 단단하게 할 수 있게 한다.

> **Tip 부모로서 아이를 위한 선택에서 고려해야 하는 부분**
>
> ① 내 아이를 위한 선택이 아이에게는 어떤 의미인가?
>
> ② 내 아이를 위해 선택한 근거는 무엇인가?
>
> ③ 내 아이의 모습 중에 내가 집중하는 것은 무엇인가?
>
> ④ 나를 위해 만들고 있는 내 아이에 대한 핑계들은 무엇인가?
>
> ⑤ 나는 지금 내 아이를 무엇으로 키우고 있는가?
>
> ⑥ 내 아이를 위한 선택에 가장 중심이 되고 있었던 것(①~⑤를 바탕으로)은 무엇인가?

부모는 선생님이 아니라 동반자

가르치고 싶은 것을 보여주는 부모

부모는 세상 어느 누구보다 내 아이에게 많은 것을 주고 싶어 한다. 그것이 물질적이든, 경제적이든, 정신적이든, 심리적이든 모든 것을 주고자 하고 또 주어야 한다는 사명감을 가지고 살아가고 있다.

부모는 아이를 위해 이처럼 끝 간 데 없이 주고도 늘 더 주지 못해 아쉬워한다. '나에게 이것이 있었더라면 좀 더 많은 것을 내 아이를 위해 준비하고, 그 준비된 것을 줄 수 있었을 텐데. 또 그렇게 했더라면 좀 더 나은 모습으로 내 아이가 성장할 수 있었을 텐데.' 부모라면 누구나 가져보았을 법한 아쉬움이다.

그러나 때로는 이런 아쉬움이 부모 자신과 아이를 재촉하는 원인이 되기도 한다. 부모가 재촉을 하면서부터 아이의 능력이나 적응력은 고려하지 않은 채 아이의 인지 속도보다 부모가 더 빠르게 앞서가게 된다. 부모의 넓은 보폭을 따라가느라 아이들은 왜 가는지, 어디를 가는지도 모른 채 이끌려가느라 힘겨워하고 있다.

내 아이의 힘겨움을 살필 틈도 없이 부모도 '재촉'이라는 단어에 쫓기듯 앞만 보고 자신이 지금까지 살아온 경험을 바탕으로 "이렇게 해야 돼!" 또는 "저렇게 해야 돼!"라고 방향을 정해 일관되게 재촉한다. 지금 아이에게 무엇인가를 하려고 하고, 하고 있고, 하고 싶은 부모라면 내 자녀에게 부모의 과거에 살라고 말하는 것과 같다.

가르치는 것은 부모가 아니어도 할 수 있다. 부모는 가르침을 넘어 내 아이에게 최고의 지지자이고 응원자이면서 늘 함께하는 동반자다. 부모는 보여주는 사람이어야 한다. 부모의 생각을 보여주고 행동을 보여주고 마음을 보여주는 것이 부모의 역할이다.

생각과 행동은 보여주는데 마음을 보여주지 않으면 아이들은 알지 못한다. 부모가 가지는 아이에 대한 애틋한 사랑 또한 마음만 보여주고 행동은 보여주지 않으면 그 또한 알 수 없다. 아이는 무엇을 해야 하는지 알지 못한다는 말이다.

마음도 보여주고 행동도 보여주는데 생각을 보여주지 않으면 부모의 의도를 이해할 수 없다. 부모가 흔히 하는 말 중에 "엄마 아빠 말만 잘 들으면 자다가도 떡이 나와"가 있다. 자다가 나오는 떡은 떡인지 알수도 없고 먹기도 귀찮고 먹다가 체할 수도 있다. 아이가 스스로 하기를 원한다면 왜 그렇게 하기를 원하는지 분명히 생각하고 생각에 부합하는 행동과 그 행동에 따르는 감정까지 전달하는 것이 부모의 역할이다.

부모가 교사가 되고자 한다면 가르치면 된다. 굳이 생각을 보여주고 행동을 보여주고 마음까지 보여주려고 애쓰지 않아도 된다. 부모는 내 아이를 위해 교사의 길을 가고 있는지 부모의 길을 가고 있는지 정확히 알고 있어야 한다.

추억으로 에너지를 만드는 부모

"내가 살아봐서 잘 아는데…"

부모 세대들은 이렇게 말한다. 정말 그럴까? 정말 알고 있는 것일까? 부모는 스스로에게 물어볼 시간이 필요하다. 부모라는 역할과 책임감으로 그리고 아이 스스로 좀 더 만족스럽고 평화로운 삶을 살아갈 수 있게 되기를 바라는 마음에서 무엇인가를 계속 전달하고 싶어하고 있다. 그것은 오히려 부모의 역할을 가중시켜, 부모 스스로 힘들고 버거워하게 된다.

부모는 말 그대로 아이의 피난처이고 안식처이며 재충전을 위한 배터리다. 부모는 그냥 있어주는 것만으로도 아이에게는 최상의 동반자다. 자녀와 나는 동시간대에 같은 방향으로 흐르는 시간 위에 있다. 인생이라는 여정에 나의 부모가 있고 형제, 자매, 친구 등 나의 기억에 자리하고 있는 많은 사람이 있었던 것처럼 지금 나의 아이의 기억에 부모라는 자리로 기억된다. 이처럼 내 아이의 기억 속에도 언젠가 하나의 추억으로 남을 또 하나의 등장인물 중 한 사람으로 남을 사람이 부모다.

멀고 긴 여행을 하는 사람이 있다고 하자. 이 사람은 가다가 버스도 타고 택시도 타고 비행기도 타고 배도 타고 갈 것이다. 이 과정에서 이런 사람도 만나고 저런 사람도 만난다. 그중에는 다시 만날 수 있는 사람도 있고, 영원히 만날 수 없는 사람도 있다.

같은 길을 가더라도 '영원히'라는 것은 있을 수 없으며 다른 길을 간다고 해서 영원히 만나지 못하는 것도 아니다. 다만 그 시간 그곳에서 나와 같은 공간에서 같은 곳을 바라보고 눈을 맞추고 이야기하고 서로 웃어줄 그 누군가가 있어 외롭지 않고 두렵지 않다. 그런 시간은 분명히 존재한다.

바로 그 많은 사람 중에 나와 눈을 맞추고 이야기를 나누고 서로에게 잠시나마 의지하고 응원하고 서로의 각자 다른 종착역까지 가는 길에 힘이 되는 존재로 남아 있을 사람, 삶의 여정에 발목 잡는 존재나 두려움과 서운함의 존재가 아닌 그냥 떠올리면 절로 미소를 머금으며 의식에 휴식을 주는 시간 속 추억의 등장인물이 되어주는 동반자가 부모다.

중학교 시절 나의 아버지는 늘 몸이 병약하셨다. 그런데도 내 기억

속에 아버지는 다른 모습으로, 나의 추억 속 휴식처로 남겨져 있다. 추운 겨울, 학교에 다녀오면 따뜻한 아랫목에 자리를 만들고 일부러 강한 어조로 "이리 들어와 앉아" 하신다. 내가 앉으면 아버지가 이불 속으로 다리를 넣고 쭉 펴보라고 하셨다. 내가 다리를 쭉 펴고 앉으면 아버지는 나의 발을 주물러주셨다.

그때는 귀찮다고 느낀 적이 더 많았다. 본디 말씀이 많지 않으셨던 아버지는 내 발을 주무르면서 한마디도 없으셨다. 얼마쯤 시간이 지나 발이 따뜻해지면 그제야 "네 방에 가서 쉬어!"라고 하셨다. 나는 "고맙습니다"라는 말 없이 내 방으로 건너가고는 했다.

이런 아버지의 모습은 대부분의 부모가 가지는 마음의 모습이고 대부분의 아이가 귀찮다고 느끼는 마음의 모습일 수도 있다. 단발머리 중학생 시절 아버지와의 그 시간들은 나에게 평온한 안식을 주는 기억으로 남아 있다. 그리고 이 기억은 내가 가진 자존감에 원심력으로 자리하고 있다.

이처럼 한결같은 부모의 모습은 쌓이고 쌓여 아이의 삶에 큰 힘이 되고 안식처가 되어 아이의 삶에 어떤 의미를 부여하는 원심력이 된다. 그것은 아름다운 긍정에 원심력으로 작용하게 될 수도 있고, 거슬리는 부정에 원심력으로 작용하게 될 수도 있다. 베토벤Ludwig van Beethoven의 말을 되새겨보자.

"훌륭한 부모의 슬하에 있다면 사랑이 넘치는 체험을 얻을 수 있다. 그것은 먼 훗날 노년이 되더라도 없어지지 않는다."

𝒯𝒾𝓅 부모가 하는 긍정 공부

① 부모로서 내 아이에게 보여주고 싶은 것은 무엇인가?

② 부모인 내가 보여주는 것이 내 아이에게 어떤 의미가 있는가?

③ 내 아이에게 주지 못하는 아쉬움 때문에 스스로에게 재촉하고 있는
것은 없는가?

④ 부모인 내가 가지고 있는 아름다운 긍정의 핵심 내용은 무엇인가?

⑤ 부모인 내가 내 아이의 기억에 쌓고 있는 원심력의 내용은 무엇인가?

⑥ 정리한 내용(①~⑤를 바탕으로)을 토대로 긍정에 원심력을 쌓아가기 위해
필요한 것은 진정 무엇인가?

부모가 움직이면
아이는 스스로 변한다

아이들이 자라면서 가장 먼저 학습하고 모델링하게 되는 대상이 부모라는 사실은 누구나 다 잘 알고 있다. 아이에게 보이는 부모의 언행은 의식적이든 무의식적이든 아이의 성장 과정에 영향을 끼친다. 일련의 반복적 행동 양식이라면 아이의 행동 학습에 더 큰 영향을 끼친다.

그중에서도 부정적 요소들은 아이들의 성장 과정에서 인지와 사고에 더 강하게 영향을 끼치게 될 수 있다는 것 또한 우리는 잘 알고 있다.

한 가정의 이야기를 살펴보자. 아빠가 책을 볼 때 늘 엎드려서 보는 가정이 있었다. 초등학생 딸은 자기 방에 책상이 있는데도 책을 읽을 때나 그림을 그릴 때나 엎드려서 한다. 자세가 바르지 않은 아이는 허리와 등에 통증을 호소하면서도 그 자세를 고집한다. 엄마는 그 자세를 고쳐주고 싶어 했으나 쉽지 않았다.

그러던 어느 날 아빠와 아이가 나란히 바닥에 엎드려 각자의 일을 하는 것을 보고 깜짝 놀라 엄마는 아빠에게 살그머니 다가가 이야기했다.

"당신과 딸이 똑같아요."

아이가 자세가 좋지 않아 통증을 호소하고 있다는 이야기를 하고 아빠에게 도움을 청했다. 아빠도 의식하지 못하고 있었던지라 놀라며 딸아이 방에 책상 하나를 더 놓았다. 이후로는 의도적으로 아빠가 딸을 불러 나란히 앉아 책을 보기 시작했다. 몇 달 후부터 아빠가 나란히 책상에 앉지 않아도 아이 스스로 책상 앞에 앉았다.

처음 아빠가 한 행동은 아이의 학습에 영향을 끼치고자 선택적으로 제공하거나 의도한 것이 아니다. 즉 무의식적인 행동이었다. 그런데도 아이의 생각과 행동에 조금씩 젖어들어 아이의 인지와 사고에 영향을 끼쳤다. 그것이 아이의 행동으로 나타난 것이다.

또 다른 경우를 보자.

어느 부부가 아이들을 바라보면서 대화를 나누고 있다. 부모는 아이들에게서 자신들이 생각하는 바람직하거나 원하는 모습이라면 "나를 닮아서 그래"라고 말한다. 반대로 바람직하지 않다고 생각되거나 자신들이 원하는 상태가 아니라면 "저 아이는 누구를 닮아 그러는지 몰라" 또는 "당신 닮았네"라고 말한다. 그럼으로써 상황을 회피하거나 자녀와의 연결 고리를 살짝 다른 곳으로 돌려버리고는 한다. 부모라면 한 번쯤은 경험해봤을 일이다.

이는 부모 스스로의 행동이 아이에게 부정적인 영향을 끼치고 있는데도 이를 외면하거나 책임을 타인에게 전가하는 사례다. 여기서 중요한 것은 누구의 부정적 행동을 아이가 모방했는가가 아니다. 부모 중 누군가의 행동이 아이에게 부정적 영향을 끼칠 수도 있다는 것이 관건이다.

두 사례는 무의식적으로 아이에게 부정적 영향이 끼치고 있는 상황과 부모 중 누군가가 아이에게 부정적 영향을 끼치고 있다는 사실을 알고 있으나 이를 자신의 치부라고 생각해 외면·회피·전가하는 경우다. 즉 아이에게 부모가 영향을 끼치고 있는 것에 대해서는 부모가 의식하는 경우도 있고 의식하지 못하는 경우도 있으며 의식하면서도 모르는 척하는 경우도 있다.

이것은 반대로 부모가 아이에게 긍정적인 영향을 주기 위해 일련의 의도되고 반복된 언행을 의식적으로 선택해 직접 아이에게 보여주는 것 역시 아이의 성장 과정에 긍정적인 영향을 끼치게 될 가능성이 큼을 의미한다.

예를 들어 부모가 의식적으로 주변 사람들에게 인사를 잘 하는 모습, 본인의 실수에 대해 여과 없이 인정하는 모습, 자신의 말과 행동이 일치하는 모습, 혹여 부부 싸움을 하더라도 곧 화해하는 모습을 보여주는 것이다. 아이의 성장을 위해 부모가 선택할 수 있는 긍정 요소들은 의외로 폭넓고 다양하며 우리의 일상생활 가까이에 있다. 그것을 찾아내 그 의미를 깨닫고 행동하는 것에 대한 선택은 온전히 부모의 몫이다. 부모가 자녀에게 어떤 긍정 요소들을 제공할 것이냐에 대한 선택의 문제다.

의식적으로 하는 긍정 행동의 또 다른 경우는 부정적 영향을 차단함으로써 아이에게 긍정 효과로 보이도록 하는 것이다. 아이들에게 부정적 영향이 될 수 있는 행동에 대해 자신의 상황에서 나름의 타협점을 찾는 부모도 있다.

흡연이나 음주 등을 하는 부모는 아이들에게 부정적 효과를 끼치지 않게 하려고 아이들이 영향을 받지 않는 장소를 택한다. 이는 흡연 또는 음주가 아이들에게 부정적이라는 것을 인지하고 있기 때문에 아이들에게 부정적 영향이 끼치는 것을 차단하기 위해 자신과 타협함으로써 최선의 선택을 한 경우다.

이 경우들은 부모가 의식해 아이들에게 긍정적 영향을 끼치는 선택을 한 행위다. 물론 부모가 의식하지 못하는 상황에서도 아이들에게 긍정적 영향을 끼치는 부분도 많다. 예로 든 주변 사람들에게 인사를 잘 하는 모습을 무의식적으로 가지고 있던 사람은 그 모습 또한 의식하지 못하는 상황에서 아이들에게 긍정적 영향을 끼친다.

가정별로 공통부분은 있겠으나 가정에 따라 이 상황에 속할 수도 있고 속하지 않을 수도 있다. 다만 여기서 말하고자 하는 점은 무의식적으로 하는 행동 전부를 인지하라는 것이 아니라 부모의 무의식적인 행동이 아이에게 영향을 끼칠 수 있다는 점을 인지해야 한다는 것이다.

부모의 언행은 아이의 행동 양식뿐 아니라 아이의 모든 면에 영향을 끼친다. 부모의 언행이 전달될 때 언행에 담긴 감정과 사고까지도 전달되어 아이의 성장에 영향을 끼친다. 부모의 날카로운 감정이 실린 언어는 아이를 위축되게 할 수 있다. 또한 부모의 거친 행동은 아이에게 위압감을 줄 수 있다. 부모의 정서 상태의 변화는 아이의 정서 상태의 변화로 고스란히 전달된다는 말이다.

부모의 언행은 아이의 언어 표현 방식에도 영향을 끼친다. 직접적인 언어 표현 방식에 익숙한 부모의 자녀는 그와 비슷한 언어 표현 방식을 쓸 경향이 높다. 반면 긍정적인 언어 표현 방식에 익숙한 부모의 아이는 부모와 유사한 언어 표현 방식을 쓸 경향이 높아진다.

이처럼 부모의 언행은 아이의 행동 양식, 감정, 사고, 언어 표현 방식, 가치관, 신념, 관계 등 아이의 삶 전반에 영향을 끼치고 있다. 우리가 알아야 할 점은 아이가 성장하는 데 부모의 긍정 행위는 빠를수록 그리고 지속적일수록 부모로부터 받는 학습의 효과가 극대화된다는 것이다. 부모로서 자녀의 긍정적인 변화를 원하는가? 그렇다면 언행을 생각하고 행동해야 한다는 점을 잊지 말기를 바란다.

아이는 부모의 어두운 부분, 즉 그림자가 아니라 열정과 빛이다. 아이는 부모의 치부도 부모의 열정도 고스란히 담아낸 빛 덩어리다. 부모의 열정과 영양 요소는 고스란히 내 아이가 성장하는 과정에서 계단이 된다.

여기서 우리는 부모로서의 새로운 희망과 가능성을 만날 수 있다. 부모가 무엇을 선택하고 제공하느냐에 따라 최소한 아이의 긍정적 성장과 미래에 영향이 될 수 있는 방향을 조금이나마 예측할 수 있다. 부모 역할을 위한 부모의 움직임은 언제나 지금이 시작이다.

> **Tip** 부모의 언행에서 고려해야 하는 부분
>
> ① 내가 지금 아이에게 긍정적 영향을 끼치고 있는 언행은 무엇인가?
>
> ② 내가 지금 아이에게 부정적 영향을 끼치고 있는 언행은 무엇인가?
>
> ③ 나도 모르게 아이에게 끼치는 긍정적 영향은 무엇인가?
>
> ④ 나도 모르게 아이에게 끼치는 부정적 영향은 무엇인가?
>
> ⑤ 위의 ①~④를 얼마나 지속적으로 하고 있는가?
>
> ⑥ 아이의 성장을 위해 지금 내가 시작할 새로운 선택(①~⑤를 바탕으로)은 무엇인가?

부모도 아이와 함께
자란다

아는 만큼 보이고, 보이는 만큼 움직일 수 있다

　　자녀에게 무엇을 어떻게 하는가에 대한 정보가 아니라 부모라면 어떻게 해야 하는지, 부모가 주는 의미가 무엇인지에 대한 화두로부터 부모 공부는 시작된다.

　부모의 삶에서 자신의 아이에 대해 알아가는 시간은 그 무엇보다 중요하다. 부모는 내 아이에 대해 꽤 많은 것을 알고 있다고 생각할 수 있다. 하지만 의외로 많은 것을 알지 못한다. 내 아이일지라도 아이에 대해 모든 것을 안다는 것은 불가능하다.

　부모가 그 옛날 아이였던 시절에도 그리고 내 아이의 부모가 된 지금도 부모와 자녀 서로가 서로에 대해 늘 알아가고 있고 또는 알고자 노력 중이다. 부모 자신이 노력하는 과정에서 아이를 위해 선택한 방법이 옳기를 바라고 그것이 바람직한 결과로 이어지기를 바라는 것은 너무 당연하다. 부모도 아이도 늘 새로운 것을 알아가고 배우며, 그것이 자신들의 삶에 가치 있고 의미 있기를 기대하고 있다.

어떤 부모는 내 아이에 대해 누구보다 잘 알고 있다고 이야기한다. 그런데 정말일까? 부모는 스스로를 잘 몰라 버거워하기도 한다. "내가 왜 이러지, 왜 그랬지?" 하면서 말이다.

한 아이가 아무 말 없이 늦은 시간까지 돌아오지 않고 있었다. 밤은 점점 깊어가는데 아이는 연락도 없이 감감무소식이다. 부모는 처음에 화가 났다.

"얘가 지금 어디서 뭘 하고 있는 거야, 연락도 없이."

그러나 시간이 지나자 부모의 화는 걱정으로 바뀌었다. 무슨 일이 있는 건 아닌지, 어디서 다친 것은 아닌지, 사고가 난 것은 아닌지! 걱정을 넘어 불안해진다. 이런 불안은 부모 서로가 서로에게 책임을 떠넘기며 다툼이 되기도 한다.

"당신은 뭐 하는 사람이야, 엄마가 되어가지고."

"당신은 뭐 하는 사람이야, 아빠라는 사람이."

부모가 말다툼하는데 벨 소리가 들린다. 이때 부모는 급작스럽게 이심전심으로 무언의 동맹을 맺는다. 문이 열리는 순간, 그토록 애타게 기다리던 아이를 공공의 적으로 돌리고 협력해 아이에게 퍼붓기 시작한다.

"너 어디 갔다 이제 오는 거야? 어디서 뭐 하다 왔어? 정신이 있는 거야 없는 거야!"

아이가 채 말할 기회도 없이, 걱정이 질타가 되어 아이에게 쏟아진다. 아이는 혼나는 게 겁나서 상황을 정확하게 설명하지도 못한다.

부모는 다시 몰아세운다.

"벙어리가 된 거니? 말 못 해! 똑바로 말을 해야 알지."

아이의 목소리는 점점 작아지고 고개는 땅을 향한다. 그때까지도 아이는 현관에 서 있다.

부모는 아이를 걱정하고 있었고 아이에게 무슨 일이 생겼을지도 모른다는 생각에 두려워하고 있었다. 그런데 행동은 그 반대로 나타났다. 대체 아이를 걱정하는 마음은 어디로 간 것일까? 아이는 어떤 느낌이었을까?

《손자병법孫子兵法》(휴머니스트, 2016)에 "나를 알고 적을 알면 위태롭지 않다知彼知己百戰不殆"는 말이 있다. 상대를 알기 위해서는 시간과 정성이 필요하고 그에 따른 정보가 필요하다. 이것이 간과되면 부모 스스로의 상태조차 알아차리지 못하게 된다.

결국 인생을 살아가는 데 전략이 필요하고 그것의 중심은 나를 아는 것이다. 더불어 상대를 아는 것이다.

"사람은 아는 만큼 보이고 보이는 만큼 움직일 수 있다." 청소년 코칭에서 말하는 내용이다. 부모 자신과 아이에 대해 알아가는 방법을

배우는 것. 지금까지와 다른 방법으로 집중하고 관심을 가지는 것이
야말로 부모가 해야 하는 공부다.

내 아이를 위한 부모 공부

부모 역할이나 부모 교육과 관련한 많은 강좌와 도서들은 주
변 여기저기서 봤을 것이다. 그런데 우리는 지금도 '부모란?'이라는 화
두에서 벗어나지 못하고 있다. 부모가 해야 하는 공부는 부모 자신에
대해 알아가고 그에 따른 행동을 실천에 옮기는 실천 기반 공부여야
한다.

요즘 부모들은 정말 많은 것을 알고 있다. 무엇부터 해야 할지 어떤
것을 어디에 어떤 상황에 해야 할지 모를 정도로 정보가 넘쳐나고 있
다. 그런데 그 많은 정보와 앎에서 부모인 내 것이 없다. 그 모든 것이
모두 누구누구의 이야기고, 내 아이의 이야기가 아닌 누군가의 아이
에 관한 이야기다.

부모는 알고 있다. 자신이 알고 있는 자녀 양육 관련 정보를 아이와
부모 자신에게 적용해 의미 있는 변화를 경험해본 적은 드물다는 것을
말이다. 어쩌면 부모 자신과 아이의 진정한 이슈가 아니었거나 내 이야
기가 아니기 때문일 수도 있다. 즉 주체가 내가 아니었다는 것이다.

대부분의 사람은 자신과 직접 관련 있지 않은 것들에 대해 의외로
관심이 적다. 이 말은 다르게 표현하면 부모에게는 자신에 대한 것, 내

아이에 대한 것일 때 집중력과 관심이 커진다는 것을 의미한다.

부모는 자신에 대해 진정으로 알고 싶고 알아차린 것을 행동으로 옮기기 위한 방향을 설정할 때 부모 스스로 내가 아이를 통해 얻고자 하는 것이 무엇인지, 그것이 나에게 어떤 의미인지 새롭게 해석한다.

부모의 부모, 또 그 부모의 부모들이 이야기하는 "너 잘 되라고 하는 거야!"라는 말을 많이 들어도 보고 해보기도 했을 것이다. 그러나 '지금도 그 말이 유효할까?' 하는 의문을 가지지 않을 수 없다.

부모도 솔직하게 자신과 만나는 시간이 필요하다. 부모가 아이 잘 되기를 바라는 마음 안에 부모 자신의 유익이 반영되어 있다는 것을 알아차려야 한다. 그래야 아이의 마음과 부모인 나의 마음을 변별하고 걸러낼 수 있다.

나는 태어나면서부터 몸이 쇠약해 부모님이 내게 바라는 것은 오직 살아만 있어달라는 것이었다. 주변 여기저기서 "정말 저 아이가 살 수 있을까?" 또는 "곧 죽을지도 모르는데 저토록 정성을 쏟는 부모가 불쌍하네" 등의 이야기를 듣는 것이 부모님의 일상이었다.

부모님에게 나는 존재의 유지 그 자체만으로 유익이었다. 자식을 잃는 상실은 그 누구도 경험하고 싶지 않을 것이다. 그렇다면 내 부모에게는 어떤 유익이 있을 수 있을까? 내적으로는 아이를 지켜냈다는 자부심과 뿌듯함이 있었을 것이고, 외적으로는 주변 사람들로부터 "그토록 부모가 정성을 들이더니 곧 죽을 것 같던 아이가 사람 구실을 하네"라는 인정과 찬사가 있었을 것이다.

지금도 어머니는 나의 어린 시절 이야기를 자주 하신다. 친구나 친지들을 만나면 나를 가리키며 자랑스럽게 힘이 들어간 목소리로 "제가 막내야!"라고 말씀하신다. "막내야!"라는 말에는 많은 의미가 함축되어 있다. 부모로서 어려운 상황에서도 자식을 지켜냈다는 뿌듯함, 자식을 잃지 않은 것에서 오는 감사함, 사람들의 걱정과 관심에 대한 고마움 등이 담겨 있다.

이처럼 부모도 아이만 잘 되기를 바라는 마음 뒤에 그 아이가 내 삶의 결과물이라는 관념을 지니고 있다. 그를 통해 마음의 안정을, 그리고 부모 자신의 역할에 대한 자족이라는 유익을 유지하고 경험하고자 한다.

다만 부모가 자신의 의도를 자녀에 대한 기대로 몰아가기 시작하면서 아이가 부모를 위한 희생양이나 제물로 전락하는 경우가 생길 수도 있다. 부모가 하는 공부는 아이를 잘 기르고 양육하는 방법 이전에 부모인 자신의 상태를 이해하고 알아차리는 공부여야 한다.

부모도 적응과 성장을 해야 한다

부모가 된다는 것, 부모가 알아야 하는 것, 부모가 되어가는 길에서 최소한의 안전장치는 지금까지 부모인 나의 역사가 주는 깨달음을 통한 성장과 자녀에게 적응해가는 방법들에 대한 것이다.

자식을 어떻게 양육하고, 어떻게 가르치고 교육해야 하는가와 함께 부모가 된다는 것의 의미에 대해 새롭게 정리하고, 부모가 자녀의 변화에 적응해가는 것과 관련한 내용이다.

부모이기에 참아야 하고 포기해야 하는 것들, 부모이기에 감수해야 하는 것들 그리고 부모이기에 강한 척해야 하는 것들이 참 많다.

부모도 사람이다. 부모도 힘들고 실수하고 답답해하고 방황하고 또 부모도 모르는 것이 많다는 것을 부모 스스로 인정하고 받아들여야 한다. 부모 스스로가 자신을 마징가Z나 원더우먼 또는 밀림의 왕자 타잔이 되어야 한다고 강요하고 있지는 않은가.

나에게는 '부모라면 강해야 한다'는 밀림의 왕자 타잔 정신이 강하게 주입되어 있었다. 나는 몸이 아프면 집안일은 물론이고 굳이 하지 않아도 되는 일들을 만들어서라도 나 자신을 단련시키는 습관이 있었다.

20년 전쯤의 일이다. 한 번은 팔을 다쳐 수술을 하고 입원하게 되었다. 한쪽 팔을 붕대로 칭칭 감은 채 몰래 병원을 빠져나와 집으로 돌아와 밤늦게까지 한쪽 팔로 아이들과 남편이 먹을거리를 준비해놓고 입을 옷가지까지 챙겨두고 나서야 안심을 하고 병원으로 돌아간 적이 있다. 그만큼 어리석고 무모하고 자신에게는 몰인정했다.

나에게는 장성한 두 아들이 있다. 큰아들은 결혼을 하여 두 아이의 아빠고, 작은아들은 20대의 건강한 청년이다. 얼마 전에 몸살이 나서 앓아누운 적이 있다. 큰아들이 내 방으로 오더니 오늘은 안 나가냐고 묻는다. 나는 간신히 힘을 내어 "오늘 몸이 너무 안 좋아서 쉬려고…"라고 답했다. 그러자 아들이 말했다. "엄마가 왜?"

조금은 섭섭하고 조금은 어이가 없었다. 부모로서의 나는 지구를 구할 것 같은 타잔이 되어 성인이 된 자녀들에게 영영 아프지도 넘어지지도 쓰러지지도 상처받지도 않는 존재가 되어 있다. 그러고는 섭섭하다고 말하고 있다. 나 자신은 물론 아이들에게도 솔직하지 못했다. 솔직하지 못했던 부모로서의 내 모습에 대한 아이의 반응에 대해 섭섭함이라는 내 감정을 만들고 있다.

　'참지도 말고 감수하지도 말고 인내하지도 말고 강한 척하지도 말아야 한다'라는 의미 이상이 필요하다. 참고 감수하고 인내하고 강한 척한 것이 무엇을 얻고자, 무엇을 위해, 무엇 때문인지를 한 번쯤 돌이켜보자. 시간을 가지고 그 안에서 부모 자신에게 일어날 수 있는 일들, 그리고 내 아이에게 일어날 수 있는 일들에 대한 의미의 재발견을 위한 시간을 가져보자.

　부모는 매 순간 자신을 되돌아보는 과정을 통해 과거를 살아가는 것이 아니라 과거의 삶을 통한 깨달음으로 현재를 살아가고 미래를 만나야 한다. 이 세상을 살아오는 동안 특별히 부모로서 살면서 예외적인 일들과 만나는 경우도 적지 않았다. 이 예외의 순간들은 또 다른 나와의 만남에서 교두보 역할이 되어, 늘 같을 것 같지만 다른 나를 만나 적응해 나아가는 역량 강화의 시간을 제공하고 있다.

3장

How to ①

내 아이의
잠재 능력을 발견해주는
부모 공부

부모가 공부하는 만큼
아이의 숨은 능력을 발견할 수 있다

스스로의 경험이 아이의 능력을 자라게 한다

아이의 성장 과정 중 어느 시기까지는 그 누구의 영향보다 부모의 영향이 가장 크다. 부모의 생활 방식 대부분이 아이에게 전달되는 것은 물론이고 그 상황에서 표현되는 감정, 정서 등도 대부분 전달된다.

부모가 공부한다는 것은 스스로의 생활 방식은 물론이고 특별히 아이가 부모인 나로 인해 학습하고 있는 부분에는 어떤 것들이 있는지, 또 그것이 아이의 성장과 발달에 어떤 영향을 끼치는지 알아차리는 것들에 관한 내용이다.

부모가 바람직하지 않다고 느끼고 있는 아이의 모습에는 분명 부모의 일관된 피드백 양식이 있었을 것이다. 부모인 내가 무엇을 했기에 또는 무엇을 하지 않았기에 아이의 바람직하지 않은 모습이 나타나게 되었는지 알아야 한다.

영유아기의 아이가 조금은 엉뚱하고 조금은 생소한 모습을 보일 때 대부분의 부모는 신기하고 새로운 모습에 마냥 웃곤 한다. 그러나 부모의 이 웃음은 아이의 행동에 대한 강화 또는 묵인의 의미로 아이는 인식하게 된다.

어느 한 가정의 일이다. 아이는 이것저것 손으로 만지고 입으로 가져가는, 호기심이 가득한 3살 정도 되었다. 부모는 아이가 무엇인가를 만지려고 하면 "안 돼!" 또는 "하지 마!"라는 단어부터 내뱉었다. 하루는 가족들이 모여 이야기를 나누었다.

"우리 앞으로 아이가 위험한 것을 만지려고 하거나 위험할 수도 있는 행동을 하려고 할 때 이렇게 해보는 것은 어떨까? '하지 마!' 대신에 다른 것이라는 단어를 써보자."

가족들은 이렇게 협의했다. 그날부터 가족들은 아이가 위험할 수 있거나 만지는 것이 유익하지 않은 상황이 되면 "안 돼" 또는 "하지 마!" 대신에 "우리 다른 거 하자!"라고 말했다.

일주일도 되지 않아 아이는 평소에 엄마가 "안 돼" 또는 "하지 마!" 할 것 같은 행동을 하려다가 주춤하고는 "다른 거 해요?"라고 어설픈 발음으로 되묻기 시작했다. 아이는 위험할 수도 있는 상황에 닥치면

한 번 더 생각하는 것을 배우게 된 것이다. 이것은 아이에게 긍정적인 강화를 만들어낸 경우다.

몇 년 후 이 가정에 둘째가 태어나 3살이 되었다. 아이는 안고 흔들흔들하며 노래를 불러주어야 잠이 들곤 했다. 부모는 아이가 돌이 될 무렵부터 부모와의 분리를 학습시키려 했다. 엄마는 계속 안아서 흔들어주고 노래를 불러주며 잠을 재우면 그것이 습관이 될 것이라 생각했다. 그래서 분리 학습과 잠드는 습관의 학습을 위해 안고 흔들흔들하는 것은 멈추고 아이를 옆에 누이고 재우기 시작했다.

아이는 잠들기 전까지 보채고 울면서 잠이 들었다. 그러기를 몇 달 반복했다. 그런데 아이는 자야 하는 시간이 되면 한바탕 울어야 잠이 드는 것이 학습되었다. 엄마의 무리한 훈육이 오히려 아이에게 잠들기 전 시간에 대해 떼를 부리는 시간, 즐겁지 않은 시간이라는 인식을 가지게 만들었다. 이것은 아이에게 부정적 강화의 결과를 만들어냈다.

어쩌면 이 아이에게는 시간이 좀 더 필요했을지 모른다. 아이가 자라 아동기, 청소년기로 접어들면 2살 아이처럼 안아서 노래를 불러주며 재워달라고는 하지 않을 텐데 말이다. 부모의 아이 양육에 대한 이론적 정보는 아이의 성향과 특성을 반영하지 못하고 있는 경우도 적지 않다.

부모가 공부를 하고 무엇인가를 알고 있다는 것은 지식적인 것만을 의미하지 않는다. 지식과 정보를 기반으로 그 이상의 것들을 융합하는 지혜를 의미하는 것이다. 한마디로 부모는 지혜로워야 한다.

지혜로운 부모는 모르는 것부터 하도록 하지 않는다

영유아기를 지나 아동기가 되면 아이는 가르치지 않아도 아주 조금씩 부모로부터 크고 작은 분리를 통해 성장하게 된다. 이제는 혼자 잘 수 있고, 혼자 화장실도 가고, 자기만의 비밀도 하나둘 만들어간다. 아이가 할 수 있는 것, 할 줄 아는 것부터 더 잘 하고 능숙하게 할 수 있도록 하는 것은 아이 스스로에게 자신감과 동기를 부여한다.

아이가 성장하면서 부모도 내 아이에 대해 모르는 것들이 생겨나고 이 모름은 많은 새로움을 아이에게 제공하고 싶은 부모의 욕구를 자극한다. 부모의 이런 욕구는 아이에 대한 높은 기대치를 만들어내게 하고 거기에 더해 아이를 만능 엔터테이너로 만들려고 한다.

아이를 통해 부모 자신의 즐거움과 보람을 만들고 싶어 한다. 아이에 대한 높은 기대는 좌절을 경험하게 하고 그 좌절은 부모로서의 사고와 판단에 걸림돌이 되어 더 많은 것을 아이에게 요구하는 상황을 불러일으킨다.

내 아이라고 다 안다는 것은 불가능하다. 그런데도 부모들은 이렇게 말한다.

"내 아이를 부모인 내가 모르면 누가 알아! 나는 세상 그 누구보다 내 아이에 대해 잘 알고 있어!"

부모가 일반적으로 착각하는 것 중 하나가 자식을 잘 안다는 것이다. 이 착각으로 부모인 내가 필요하다고 생각하는 것을 내 아이에게 필요한 것으로 인식해 아이의 특성이나 발달 정도 또는 성향 등을 전혀 배려하지 못한 채 필요라는 이유만으로 많은 것을 하게 만들고 또 할 수 있기를 기대한다.

부모의 착각이 만드는 기대와 그에 따르는 수많은 필요 목록은 아이를 더 힘들고 버겁게 한다. 또한 무엇인가를 자신의 것으로 익혀 익숙해지기도 전에 또 다른 어설픔의 연속에 빠뜨려 어설픈 아이로 자라게 한다.

《성공의 법칙The New Psycho-Cybernetics》(비즈니스북스, 2010)의 저자 맥스웰 몰츠Maxwell Maltz는 "한 번에 한 가지만 하라!"고 말한다.

부모가 지혜롭다는 것은 내 아이에 대해 진정 알고 있는 것, 내 아이가 나와는 또 다른 인격체라는 것, 내 아이가 신이 나고 즐겁게 익혀 나갈 수 있는 것, 마지막으로 내 아이와 나의 공유 목록, 즉 나도 "yes" 할 수 있고 아이도 "yes"할 수 있는 것을 아는 것이다. 아이에게 지식은 부모가 아니어도 학습할 수 있다.

그러나 지혜는 삶의 경험을 통해 터득하는 말 그대로 '체험 삶의 현장'이다. 내 아이를 지혜로운 아이로 자라나게 하려면 지혜로운 부모가 되어야 한다.

지혜로운 부모는 되는 것, 할 수 있는 것부터 그리고 잘 하는 것부터, 익숙한 것부터 한 번에 한 가지씩 할 수 있게 해주어 아이가 능숙함을 경험하게 한다.

지혜로운 부모는 하나를 선택해주지 않는다

대부분의 부모는 부지불식간에 아이의 진로, 취미, 하물며 꿈조차 부모가 선택해주고 싶어 한다. 하지만 지혜로운 부모는 틈을 노리지 않고 아이에게 기회를 준다.

언젠가부터 우리는 아이들에게 꿈조차 강요하고 있다. "이런 것을 하면 미래에 가치가 있을 거야!" 또는 "저런 것을 해야 성공하고 편하게 살 수 있어!" 등과 같이 말하며, 세상의 변화와 트렌드에 맞추어 아이의 미래를 만들고 싶어 한다.

정해진 아이들의 꿈과 목표는 작은 통 속에 아이를 가두어두는 것과 같다. 교사, 연예인, 변호사, 공무원 등이 꿈이고 목표라고 하자. 아이가 자라 교사가 되지 못했다면 아이는 교사라는 꿈 통 속에 갇혀 꿈을 이루지 못한 사람이 된다. 그런데 아이에게 교사의 특성, 하는 일, 그 일을 통해 얻고자 하는 의미 등을 바탕으로 아이의 꿈에 대해 소통하는 부모는 아이가 더 많은 꿈을 꾸고 그 꿈을 이룰 가능성을 높인다.

하나를 위해 많은 것을 모으기보다 많은 것을 통해 또 다른 그 무엇인가를 이루고 만들어 나아가는 방향을 이야기하는 부모는 지혜로운 부모다.

어쩌면 부모가 선택하는 그 하나가 부모의 것일 수도 있다. 하나의 선택이 아니라 다양한 것의 통합을 통해 내 아이만의 그 무엇인가를 응원하고 만들어가도록 하는 부모는 기대보다는 지지와 기다림을 선택한다. 그리고 내 아이를 통 속에 가두기보다는 많은 통을 만들어갈 수 있는 아이로 성장하게 한다.

이처럼 부모가 아는 것은 어떤 특별한 대상이나 지식 이상의 것으로 부모는 물론 아이 스스로도 보지 못한 것들과 볼 수 없었던 것들을 볼 수 있고 경험할 수 있게 한다. 부모가 배우고 공부하는 것은 나와 내 아이 그리고 그 주변을 이루고 있는 것들에 대한 깊이 있는 이해와 경험에 바탕을 둔 깨달음의 지혜다.

부모와의 지나간 시간은
되돌릴 수 없다

아이의 정서에 단단한 주춧돌을 만드는 부모

부모로부터 시작되는 좋은 기억은 아이가 자라 성인이 되기까지 마음자리에 큰 중심이 된다. 이것은 그 아이가 앞으로 살아가는 동안 크고 작은 좌절과 도전, 성공과 실패에 부닥쳤을 때 위로와 용기로 역경을 이겨내고 자신을 다잡는 주춧돌 역할을 하게 된다.

많은 부모는 바쁘고 일상에 지쳐 아이를 바라보기보다는 아이 주변에 있는 사회 환경의 변화를 더 많이 보게 된다. 그 시간 동안 부모로서 아이에 대한 미안함과 측은함을 넘어 책임감과 의무감이 증폭되기 시작하고 이런 의무감과 책임감은 아이를 사랑하지 않거나 귀찮아서가 아니라 무엇이든 내 아이에게 도움이 되어 앞으로 아이가 살아가는 시간에 보탬이 되는 것들이 무엇인지를 먼저 찾게 하기 마련이다.

그러나 아이는 내 부모로부터의 진정한 인정과 정서에 목말라하고 있다. 아이가 자라는 순간과 과정에 부모라는 사람들과 함께한 의미 있는 시간들에 목말라하고 있다는 것이다. 아이가 어릴수록 아이는 부모를 자기 삶의 전부로 여긴다. 아이의 전부인 부모가 자신을 어떻게 바라보고 반응하는가에 따라 아이는 실시간으로 자존과 자괴의 시간을 오간다.

자존의 시간을 많이 경험한 아이는 마음자리의 중심이 되는 부모라는 정서의 주춧돌을 단단하게 세워, 성장하는 과정에서는 물론이고 성인이 된 이후의 삶에까지 영향을 받는다. 자신에 대한 가치와 함께 나 외의 존재 그리고 세상을 바라보는 가치의 기준으로 삼으며, 긍정적인 모습으로 세상에 단단하게 자리하게 된다.

초등학생 자녀 둘을 둔 30대 중반 아빠와 코칭을 진행하던 때 일이다. 이 아빠는 최근 아이의 일로 마음이 불편했다. 아이가 야구부에 들어가고 싶다는데 아빠는 탐탁지 않았다. 이유를 물으니 "공부도 안 하고 운동이나 한답시고 괜히 껄렁대고 다닐 것 같아서"라고 한다. 무엇보다 아빠 본인이 야구를 별로 좋아하지 않는다고 말했다.

야구를 해본 적이 있냐고 묻자 아이의 아빠는 "아니요"라고 답했다. 초등학교 저학년 시절, 다른 아이들이 아빠와 야구를 하는 것이 부러워 아빠에게 한 번만 야구를 하자고 조른 적이 있었다고 한다. 그러자 아빠는 "야구는 무슨…. 나가서 놀아. 아빠는 바빠. 아빤 야구 같은 거 안 좋아해!"라고 말해서 그 후로는 야구는 생각도 해본 적이 없었 다는 것이다. 그래서 다시 물었다.

"그때 일 이후로 야구를 한 번도 하지 않았다는 이야기인가요?"

"그렇습니다."

"특별한 이유가 있나요?"

"그땐 아주 어려서 아빠가 야구를 싫어한다니 내가 야구를 하면 아 빠가 싫어할 것 같았습니다."

그 후로는 왠지 야구에 관심이 없어져버렸다는 것이다. 다시 물었다.

"그때 아빠와 야구를 즐겁게 했다면 지금은 어떨 것 같으세요?"

그러자 아이의 아빠는 이렇게 대답했다.

"지금처럼 야구에 대해 반대하지 않을 수도 있겠죠. 아니면 좋아할 수도…!"

"아무래도 아들이 아빠를 닮았네요."

그러자 아이 아빠는 표정이 없는 얼굴로 나를 한참 보더니 답했다.

"그런가요? 그럴 수도 있겠네요. 우리 애는 초등학교 시절의 나처럼 야구를 하고 싶어 하고 나는 그때의 내 아버지처럼 안 된다고 말하고 있네요."

물론 야구를 하지 않아도 살 수 있다. 또 살면서 야구를 안 해도 그 만일 수 있다. 중요한 것은 이것이 야구처럼 스포츠 같은 기호에 해당 하는 것이 아니라 그 사람의 가치관과 신념에까지 영향을 끼치고 어쩌 면 다음 세대까지 이어져 영향을 끼치고 있다는 것이다.

부모가 아이와 함께할 수 있는 시간은 의외로 많지 않다. 마찬가지로 아이도 부모와 함께할 수 있는 시간이 그다지 많지 않다. 아직 어린 자녀를 둔 부모는 늘 그 시간이 영원할 것만 같을 수도 있다. 시간이 흘러 부모가 "아하!" 하고 무릎을 치는 시간에 이미 내 아이는 아이가 아닌 모습으로 있을 가능성이 높다.

아이와 양적으로만 많은 시간을 보내라는 의미가 아니다. 깊이 있는 시간을 만드는 것이 중요하다. 주말에 시간을 내 놀이동산에 가고 외식을 하고 야외 활동을 하는 것도 좋다. 그러나 우리가 흔히 이야기하는 의무 방어에 그치지 말고 부모가 아이와 함께 즐기는 것이 바람직하다. 아이들은 긴 시간, 즉 양적인 시간만큼이나 부모와의 질적인 시간을 필요로 한다.

대중음식점에 가면 자주 접하게 되는 광경이 있다. 아이들이 부모를 계속 불러댄다. "엄마! 엄마! 아빠! 아빠!" 그러고는 무엇이라고 이야기한다. 그러면 대부분의 부모들은 눈도 제대로 맞추지 않은 채 "뭐라고? 알았어! 그래! 뭐? 조용히 해! 얌전히 있어야지"라고 말한다.

아이들은 그래도 불러대며 뭐라고 이야기한다. 아이들은 "엄마 아빠, 나 좀 봐주세요. 내 말을 좀 들어주세요" 하고 애원하고 있는데 부모는 건성건성 대처한다.

어느새 아이들의 반응은 격해지고 부모의 반응도 조금 전과는 달리 더 격해진다. 이 아이들에게 외식하러 나가는 날의 시간은 혼이 나거나 주의를 듣는 시간으로 기억될지도 모른다.

부모가 아이와 함께하는 깊이 있는 짧은 시간은 아이에게 단단한 주춧돌이 된다는 것을 잊지 말아야 한다.

지금 아이에게 줄 수 있는 진실의 유산

부모가 아이의 자라는 모습을 보며 "그때 이렇게 해줄걸! 저렇게 해줄걸!" 하고 아쉬워하거나 후회를 해본 경험이 한 번쯤은 있었을 것이다. 그래서 부모는 아이가 자라 성인이 된 후에도 미안하고 측은하고 아쉽기도 하다. 아이러니하게도 아이들은 부모의 이런 마음이 와닿지 않는다.

만약 부모가 된 지금의 나에게 부모님이 "네가 어려서 이랬는데, 그때 그렇게 못 해준 것이 못내 아쉽다"고 말한다면 어떤 느낌이 들고 어떤 생각을 하게 될까? 어쩌면 "그러게요. 그때 왜 그러셨어요"라고 할 수도 있고, 아니면 "그런 일이 있었어요?" 하고 되물을 수도 있다. 또는 아무렇지 않게 지나쳐 들을 수도 있다. 이미 그 시점의 필요가 소멸되었기 때문이다.

부모도 아이도 그때의 필요는 이미 잊었을 수 있다. 그러나 그때 채워지지 않은 필요는 또 다른 모습으로 우리의 욕구를 자극하고 있거나 결핍된 모습으로 우리를 통제하거나 발목을 잡는다.

부모가 결핍된 부분에 대한 욕구를 만족시키는 방법으로 자신의 필요를 아이에게 강요하는 경우 또는 위의 30대 아빠처럼 자신의 결핍을 자신의 아이에게 그대로 결핍으로 남기는 경우도 생길 수 있다.

아들 둘을 둔 어떤 엄마의 이야기다. 자상한 엄마와는 조금 거리가 먼 엄마였다. 이 엄마는 아들은 강하게 키워야 한다는 부모로서의 신념을 가지고 있다. 이 신념은 위로하고 달래고 안아주고 함께 즐기는 것과는 거리가 먼 행동을 하게 했다.

엄마는 성장해 결혼하고 두 아이의 아빠가 된 아들이 아이들과 함께하는 시간을 보고 깜짝 놀랐다. 군대처럼 절도가 있고 강압적이고 일방통행 방식으로 아이를 양육하는 아들의 모습을 보게 된 것이다. 이 모습을 보면서 자신의 모습을 보았다. 그리곤 '온전히 나구나!' 하는 생각을 하게 되었다.

넘어진 아이에게 "일어나! 손 털고, 울지 말고. 이제 똑바로 말해봐, '위험하다'고 아빠가 말했어! 안 했어! 다음부터는 어떻게 해야 해?"라고 딸아이에게 말하는 아들을 보며 엄마는 할 말을 잃었다. 아들이 하는 아이와의 소통은 어린 시절 아이 아빠의 엄마가 하던 소통 방식이 그대로 학습되어 행동으로 표면화된 것이다.

엄마는 두 아이의 아빠가 된 아들에게 이렇게 말해주었다. "엄마는 널 엄청 사랑했는데 남자아이라 약하게 자랄까 봐 걱정되어서 그랬어! 네 아이들에겐 강하게 하지 않아도 될 것 같아. 더군다나 딸이잖니."

그러자 아이의 아빠가 된 아들의 답은 이랬다. "아니야 엄마, 애들은 원래 강하게 키워야 해. 요즘 아들딸 구분이 어디 있어?" 아이 아빠가 된 아들에게는 고정관념과 신념이 뿌리 깊이 박혀 있었다.

아이와 함께하는 시간에서 나의 고정관념은 별 의미가 없다. 오히려 부모인 내가 원하지 않는 또 다른 나를 하나 더 만들게 되는 원인이 될 수 있다. 내 아이와의 시간에 내가 얼마나 집중하고 온전히 나의 감정과 정서를 잘 전달했는지에 따라 아이는 또 다른 모습, 즉 자기만의 성장 과정을 통해 나와는 다른 온전한 존재로 그 자리를 지켜나갈 수 있게 된다.

이미 그 옛날, 그 시절에 전달하지 못하고 함께하지 못했던 시간들은 되돌릴 수 없다. 우리 부모가 어린 시절로 돌아갈 수 없는 것처럼 말이다. 더 먼 미래에 타임머신이 생겨난다고 해도 우리는 그 시점을 다시 찾을 수 없는 영원한 소멸의 시간으로 돌려야 한다.

지금 이 순간 더없이 사랑하는 아이에게 두 눈을 맞추고 가벼운 스킨십과 함께 내 아이에게 전달하고 싶은 진심을 전달하고 표현해보자. 그 어떤 것보다 강하고 진하게 내 아이들에게 영원히 소멸하지 않는 유산으로 남게 될 것이다.

우는 아이가 아닌 배고픈 아이에게 젖을 주어라

아이의 고픔을 들을 수 있는 부모

"우는 아이에게 젖 준다"라는 말을 들어보았을 것이다. 그런데 아이가 운다고 언제나 젖을 줄 수는 없는 노릇이다. 운다고 늘 젖을 주는 것이 부모라면 부모의 역할은 의외로 단순해질 수 있다. 부모쯤은 별것 아닐 수도 있다. 그러나 아이들의 욕구, 더 큰 의미로 인간의 욕구는 셀 수 없을 만큼 많고 그것을 표현하는 방식 또한 다양하다. 그런데 그렇게 많고 많은 욕구에 대한 대처가 한 가지만 있으면 된다고 가정할 때 부모의 역할은 뜻밖에 순조롭다.

부모는 잘 알고 있다. 부모의 역할이라는 것이 단순하지 않으며 매우 복잡하고 다양하고 아주 미묘하다는 것을 말이다. 어린아이의 요구와 필요는 단순하게 표현되고 있을 수 있다. 그러나 그 단순함 속에 들어 있는 요구는 다양하다. 이렇게 다양한 아이의 요구를 읽어야 하는 것이 부모의 역할이다.

갓난아이의 울음에도 다양한 요구가 들어 있다. 그 요구를 알아차리는 것은 부모의 몫이다. 아이는 자라면서 요구가 더욱 다양해지고 그에 따른 표현 방식도 다양해진다. 어떤 때는 밥을 달라고 또 어떤 때는 안아달라, 놀아달라고 칭얼댈 수도 있다. 그 다양한 요구를 부모가 제대로 읽지 못하면 시간을 달라는 아이에게 돈을 주고, 사랑을 달라는 아이에게 꾸지람을 주고, 인정을 달라는 아이에게 과제와 목표를 주게 된다.

초등학생 아이를 둔 가정의 일화다. 초등학생을 둔 이 부모는 부모의 역할 중 의무에 지나치게 집중한 나머지 엄마라는 이름의 로봇처럼 행동했다. 때가 되면 밥을 차려주고 일상적으로 "다녀와!", "다녀왔니?", "씻어라!", "자라!", "준비해라!" 등의 명령을 내리고 진행 여부를 확인하고 점검했다.

아이들이 하루의 일과를 이야기하고 싶어 엄마를 졸졸 따라다니면 "알았어!", "그랬구나!", "재미있었겠네!", "잘했네!", "더 잘할 수 있을 거야!" 등의 피드백을 했다. 내용만 들으면 괜찮은 부모처럼 보인다.

아이의 부모는 넘쳐나는 집안일을 끝내야 자신의 일을 할 수 있는 시간을 만든다는 핑계 아닌 핑계로 아이가 따라다니며 이야기하고 있을 때 한 번도 제대로 시선을 맞추거나 진정한 귀 기울임을 하지 못하고 있다. 다시 말하면 제대로 듣지 않았다는 이야기다.

앞서 말한 것처럼 엄마 로봇이 되어 어디선가 들은 정보대로 대답하고 있었다. 시간이 흐른 뒤, 아이들은 점점 자신들의 일상에 대해 부모에게 이야기하려 하지 않았다. 좀 더 자란 아이는 이제 부모가 아니어도 자신들의 이야기에 귀 기울여줄 친구 또는 누군가가 생겨난 것이다. 아이들이 이야기하고 그 이야기를 들을 수 있을 때 듣지 않았던 부모는 이제 아이들에게 문제가 생기면 이렇게 말한다.

"말을 했어야지!"

들을 준비도 되어 있지 않으면서 말이다.

표현이 달라도 의도는 같을 수 있다

아이들도 자신의 의사를 표현하는 데 자유가 있다. 그 표현이 반복적으로 교정되고 무시되는 횟수가 반복되면서 아이들은 자신의 욕구에 대한 표현을 하는 데 소극적이 된다. 그리고 아이들이 생각하기에 효과적일 것으로 생각되는 다양한 방법들을 탐색한다. '어디서 어떻게 하는 것이 가장 빠르고 효과적으로 나의 의도를 관철시킬 수 있을까?' 또는 '내가 원하는 것을 빠르게 얻는 방법은 무엇인가?'에 대해 찾기 시작한다.

아이는 자신의 욕구 해결을 위한 방법으로 떼를 쓰거나 짜증을 부리고 화를 내는 것을 선택하기도 한다. 어릴수록 그럴 가능성은 아주 높아진다. 어쩌면 이 행동은 아이들이 부모에게 보내는 "나 여기 있어요" 또는 "내 말 좀 들어주세요"라는 나름의 의사 표현일 수 있다. 그러나 이런 행동을 선택하기 전에 아이는 이미 자신의 의사를 표현했을 것이다.

다만 그 표현을 부모가 제대로 알아차리지 못했거나, 바람직하지 않다는 판단으로 반복적으로 교정하고 무시하는 피드백을 주었을 것이다. 이 과정을 경험한 아이는 자신이 해보았던 의사소통의 방법 중 가장 빠르고 효과적으로 자신의 의도를 관철시킬 수 있는 방법을 선택하게 된다.

부모는 아이들이 원하는 모든 것을 주어야 한다는 의미가 아니다. 아이의 분명한 의도를 읽어야 한다는 것을 강조하고 싶다.

오래전 고등학생을 대상으로 집단 코칭을 한 적이 있다. 그중 한 학생이 수업이 끝나고 밖으로 나가려는 내 옷 끝을 살며시 잡았다.

"궁금한 것이나 할 이야기가 있나요?"

그 학생은 갑자기 눈물을 글썽이며 말했다.

"코치님, 저는 학교에 다니기가 너무 싫어요."

갑작스러운 학생의 말에 조금 당혹스러웠다. 하지만 아무렇지 않게 그 학생을 의자에 앉히며 말을 건넸다.

"그래, 학교에 다니기 싫었구나! 학교에 다니기 싫다는 건 어떤 의미인지 물어도 될까?"

"사실 전 이 학교에 오고 싶지 않았어요. 그림 그리는 것을 좋아해서 학원도 다니고 열심히 그렸는데 제가 가고 싶은 학교에는 내신이 안 돼서 갈 수가 없었어요. 이 학교는 새로 생겨 내신과 상관없이 올 수 있어서, 부모님이 가라고 해 오게 되었는데 정말 다니기 싫어요. 그래도 계속 다녀야 한다면 죽는 게 나을 것 같아요."

"궁금한 게 있는데…. 이 학교로 오기 전에 부모님과 충분히 이야기를 나누어보지 않았나요?"

"아니요. 이 학교에 오기 전에 가출했었는데, 집으로 돌아온 후로는 부모님께 죄송해서 아무 말도 하지 못하고 이 학교에 다니게 되었어요."

"그런 일이 있었구나! 죽고 싶을 만큼 이 학교가 다니기 싫은 이유가 본인이 선택한 학교가 아닌 것 말고 또 다른 것이 있나요?"

"주변에서 이 학교 이름을 말하면 중학교 때 공부 안 했거나 갈 데가 없는 아이들이 가는 학교라고 이야기해요."

"누구 생각이죠?"

"다른 사람들 생각이요."

"그럼, 친구의 생각은?"

"일단 새로 지은 학교라 시설은 좋아요."

"그것 말고 또 다른 것은?"

"선생님들도 친절해요. '이거 해라', '저거 해라' 많이 안 하시고요."

"그렇군요! 그럼 다른 학교에 다니는 친구들보다 시간 여유는 좀 더 있을 것 같은데, 어때요?"

"맞아요."

맞장구를 치면서 처음 나의 옷깃을 잡아당길 때와는 사뭇 다른 어조와 표정이 되었다.

나는 조금 마음의 여유를 가지고 물었다.

"이 학교에 다니면서 친구가 얻을 수 있는 유익을 찾아본다면 무엇이 있을까요?"

"미술 공부를 다시 할 수 있을 거예요. 과제도 많지 않아 시간도 여유가 있으니까요. 열심히 하면 지방이라 특별 전형으로 대학에 가서 그림을 더 공부할 수 있을 것 같고요."

마지막으로 학생에게 한 가지 제안을 했다.

"친구가 3년 뒤 미술을 전공하는 대학생이 되어 지금 친구와 같은 고민을 하는 고등학생 후배가 있다면 어떤 이야기를 해주고 싶은지 한번 적어볼 수 있을까요?"

학생은 잠시 생각을 하더니 노트에 적기 시작했다.

"꿈을 이루는 방법은 여러 가지야. 포기하지 않고 노력한다면 꿈이 너를 기다릴 거야!"

나는 학생에게 그 메모를 보고 이렇게 이야기해주었다.

"이 말은 미래의 학생이 지금의 학생 자신에게 보내고 있는 메시지예요."

그 뒤로 몇 번의 코칭이 더 이어졌다. 그 학생은 지금은 어엿한 대학생이 되어 곧 졸업을 앞두고 있다.

당시 이 학생은 고교 진학이 자신이 좋아하는 미술을 포기해야 하는 것과 연결되어 극단적인 생각까지 하게 되었다. 이 학생의 의도는 그림을 그리고 싶은 것과 대학에 가서 그림을 전공하고 싶은 것이었다. 그러한 자신의 미래를 그려보고 들여다보는 것만으로도 고픔을 채울 수 있었다.

아이들의 고픔을 채우는 것은 아이를 웃게 만들고 더 많은 웃음을 찾아 움직이게 한다. 아이들의 웃음은 부모도 웃게 한다. 그러나 웃을 준비가 되어 있는 부모라야만 아이들에게서 고픔을 들을 수 있고, 그 고픔의 소리를 들을 수 있어야 아이를 또 부모인 나를 웃게 하는 것이다.

아이의 웃는 모습이 싫은 부모는 없을 것이다. 할 수만 있다면 평생을 웃으면서 살도록 해주고 싶은 게 부모 마음이다. 그런데도 그렇게 하지 못하고 있는 것은 울면 젖을 주려고 기다리고 있기 때문일 수도 있다. 아이가 울면 젖을 주는 습관이 계속되면 아이가 자라 청소년기에 이르러서는 조건부 부모 자식 관계로 변형된 모습으로 만나야 할지도 모른다.

아이는 부모에게 이렇게 말한다.

"성적 오르면 뭐 해줄 건데요." "시험 잘 보면 뭐 해줄 건데요." "상 타오면 뭐 해줄 건데요." "편식 안 하면 뭐 해줄 건데요." "게임 안 하면 뭐 해줄 건데요."

주객이 전도되어 있다. 아이 자신이 원하는 것을 얻기 위해 부모가 원하는 것을 주겠단다. 부모를 위해 공부를, 상을, 게임을, 편식을, 약속을… 이 모든 것이 부모를 위한 것이란다. 아이 자신의 발전이나 목표가 아니라, 이 모든 것이 부모를 위한 것이고 아이는 이런 것을 자신이 원하는 것을 얻어내는 도구로 사용하고 있다.

　이제 부모는 우는 아이에게 젖을 줄 준비를 그만두어야 한다. 아이의 고픔에 귀와 마음을 기울이고 들을 준비를 하고 내 아이와 마주하고 웃을 준비를 할 때다. 바로 지금이 그때다.

하나를 가르치고
열을 알기를 바라지 마라

하나씩 제대로의 시간이 필요하다

부모는 자신의 아이에 대해 많은 것을 기대하고 또 기대하게 된다. 기대 자체가 나쁘거나 바람직하지 않다는 이야기가 아니다. 하지만 그 기대가 아이의 가능성을 가로막는 장애가 될 수 있다.

아이들은 그 아이만의 고유한 특성과 잠재력 및 가능성을 가지고 있다. 그런데도 아이의 특성보다, 아이의 잠재적 가능성보다 앞서는 것이 부모가 가지는 아이에 대한 욕심과 기대다. 이 기대와 욕심은 내 아이에게 많은 것을 경험할 기회를 제공하게 한다. 기회 제공을 통해 아이가 선택할 수 있는 시간과 여유 그리고 기다림이 전제되어야 함에도 부모는 늘 바쁘다. 바쁜 부모는 빠른 시간 내에 자신의 아이에게 제공한 것에 대한 결과가 창출되기를 원한다.

아이에게는 부모가 제공한 환경의 내용을 인지하기에 그 시간이 지극히 짧다. 부모는 아이를 위한 다양한 경험을 제공하는 것이라고 하면서도 제공한 것만큼의 성과를 기대한다. 부모가 생각하는 결과의 시간이 원하는 속도에 따라주지 않으면 아이가 경험한 시간의 과정에 대한 가치를 인정하지 못한다.

아이들이 자신의 가능성을 찾아 온전히 자기에게 잠재되어 있는 가능성임을 인정하고 알게 되기까지는 많은 요건과 짧지 않은 시간, 반복된 학습이 뒷받침되어야 한다. 이런 과정을 통해 아이는 자신의 가능성에 대한 믿음과 자신감을 얻게 된다. 아이 스스로 자신의 가능성에 대한 확신과 믿음을 가지려면 감정, 사고, 열정과 호기심이라는 경험이 통합적으로 잘 어우러져야 한다. 그것은 자신감이라는 모습으로 표출된다.

자신감은 지금 아이가 경험하고 있는 것과 그것을 하고 있는 동안의 아이가 경험하게 될 정서 그리고 좀 더 몰입할 수 있게 도와준다. 그리고 하나의 경험을 통해 아이 스스로 실패 또는 성공의 경험을 학습하게 되고 반복된 경험을 바탕으로 아이는 자신의 잠재된 가능성을 찾아가는 길 위에 서게 된다.

50대 부모의 이야기다. 이 부부는 나름대로 사회에서도 인정받는 전문직에 종사하고 있다. 이 부부의 말이 지금까지 매우 의미 있게 기억난다. 큰아이는 28세이고 막내는 초등학교 1학년이라고 한다. 큰아이를 키울 때는 여러 정보를 바탕으로 좋은 학군으로 이사하고 잘 가르친다는 학원에 보내고 부족한 부분이나 필요한 부분은 개인 과외도 했다. 한마디로 아이의 모든 스케줄을 관리하며 사회에서 말하는 소위 중상층 교육에 필요한 환경을 제공하고 조기 유학으로 스펙도 쌓았다.

큰아이가 중학교 이후부터는 캠프다, 유학이다, 기숙 학원이다 해서 떨어져 있다 보니 오랜만에 만나도 소 닭 보듯 서로 무엇이 필요한지에 대한 요구들을 늘어놓은 다음 각각의 위치로 뒤도 돌아보지 않고 총총 흩어졌다고 한다. 시야에서 사라져간 큰애의 뒷모습은 왠지 늘 무겁고 힘겹게 보여 안타까워하고 있었다.

왜 그것을 해야 하는지에 대한 명확한 이유도 없이 모두가 하니까 해야 할 것 같아 부모는 그 해야 할 것 같은 것에 집중했다. 아이는 그렇게 해야 한다니까 그렇게 했는데 사회에서는 아직도 무엇인가를 계속 해야 한다고 하고, 그 반복 속에서 자신의 열정, 잠재된 가능성을 찾지 못해 지금까지도 진로를 고민하는 큰아이의 모습을 보고 있으면 측은하단다.

큰아이의 부모 역할을 통해 많은 생각을 하게 된 부모는 늦둥이는 다르게 키워보고 싶었다. 초등학교 1학년 아이에게는 하고 싶은 것, 해보고 싶은 것을 함께 찾아보고 엄마와 아빠의 도움이 필요하면 언제든 이야기하게 하고 있단다. "또 지금은 하고 싶지만 다른 것이 하고 싶어지고 궁금해지면 언제든 이야기하라"며 아이가 최소한의 의사소통이 가능할 때부터 반복적으로 이 이야기를 하곤 했다.

해야 할 것과 하지 말아야 할 것의 최소의 기준만 정하고, 하루하루 지나온 아이의 경험에 대해 최대한 시간을 할애해 이야기하고 들어주고 부모도 의견을 내보기도 한단다. 부모는 "아이가 늘 밝고 자신감이 넘쳐 감당이 안 될 정도"라면서 작은아이를 보며 큰아이에 대한 미안함이 더 커졌다고 한다. 이제야 부모가 무엇인지 조금 알 것 같다는 이야기도 덧붙였다.

누군가 부부에게 물었다.

"두 분께서는 부모가 뭐라고 생각하시나요?"

그러자 아빠가 답했다.

"말 없는 치어리더 어때요? 멋지죠?"

그러자 그 자리에 있던 사람들이 미소를 지었다. 어쩌면 부모는 아이가 자라면서 치르게 될 매 경기에서 이겨도 져도 마지막까지 남아서 응원하는 치어리더가 되어야 하는지도 모르겠다.

부모가 말하는 내 아이를 위한 최선과 최상

세상 누구도 같은 상황과 환경, 같은 생각과 감정, 같은 정서를 가지고 있지 않다. 같은 상황도 사람에 따라 다르게 받아들이고 다른 상황이지만 같은 감정을 느낄 수도 있다.

부모들은 내 자녀가 무엇이든 어떤 분야이든 다른 아이들보다 좀 더 우수하기를 기대한다. 우리 부모들은 이것을 아이를 위해서라고 이야기하곤 하지만, 정말 그럴까? 부모들이 자주 하는 말 중 이런 말이 있다. "네가 남보다 못한 게 뭐가 있어!"

내용만으로는 부모가 자녀를 향해 굉장히 동기를 부여하고 응원하고 있는 것처럼 보인다. 그 안에는 조금은 다른 의미와 의도를 담고 있으면서 말이다. '넌 왜 안 되니! 넌 왜 못하니!'

아이가 태중에 있을 때는 건강하게 태어나기를, 시간이 흐르면 입은 누구 닮고 코는 누구 닮고 등 기대가 늘어난다. 초등생 학부모들은 100점을 기대한다. 대부분의 초등생 학부모들은 아이가 100점을 맞으면 세상을 얻은 듯 만족스러워한다.

중학생 학부모들은 플러스알파를 원한다. 문제를 일으키지 않고 부모 말 잘 듣고 학교생활 잘하고 내신 관리 잘하고 등 계속 아이에게 무엇인가를 하란다. 그것도 잘하란다. 이제 아이는 무엇을 더 잘해야 하는지 잘 모르겠단다.

이것을 잘하면 "저것은 왜 못하니!"라고 하고, 저것을 잘하면 "그것은 왜 못하니!"라고 한다. 그러면서 아이는 자신을 '못하는 아이' 또는 '안 하는 아이'라는 부정적인 자기상을 만들어가기 시작한다. 그 모습을 바라보는 부모는 더 많이 조급해하고 답답해한다.

언제부터인지는 모르겠으나 부모가 되면 욕심 많고 심술궂고 거기에 융통성까지 좁아지는 듯하다. 아이가 자라면서 그 강도는 더 높아진다. 특히 부모 자신의 아이에게는 더욱 그렇다.

아이를 표현할 때도 긍정을 축소하고 부정을 확대 해석하는 경향이 늘어난다.

　그렇다면 부모는 왜 그렇게 되어버린 것일까? 부모는 아이에게 최선과 최상을 위해 늘 고군분투 노력하고 있다. 그 고군분투의 노력 안에는 "부모인 나는 이처럼 아이에게 최선을 다하는 쓸모 있는 부모인데 아이가 따라주지 않네요" 또는 "전 정말 최선을 다하고 있어요" 등의 하소연이 들어 있다.

　주변으로부터는 "맞아요. 당신은 좋은 부모이고 정말 최선을 다하고 있어요"라고 인정받고자 하는 마음도 있다. 부모도 누군가로부터 인정받고 싶어 한다. "수고가 많아. 정말 최선을 다하고 아이를 잘 키우고 있어!"라고 말이다. 그러나 누구도 인정해주지 않는다. 주변인들은 물론이고 내 아이도, 남편도, 아내도, 부모인 내가 그러했던 것처럼 긍정을 축소하고 부정을 확대 해석한다. 부모로서 노력하고 진정으로 아이가 잘 되기를 기대해 동분서주했던 나는 사라지고, 주변으로부터는 "부모가 되어가지고!", "부모가 되어 지금껏 무엇을 했느냐!"라는 핀잔을 듣는다. 아이로부터는 "부모가 나한테 해준 게 뭐가 있어요!" 등의 피드백과 평가만 남는다.

　부모는 어디서부터 어떻게 무엇이 잘못된 것인지 모른다. 또 무엇을 바로잡아야 하는 것인지, 무엇을 되돌려야 하는 것인지 도무지 알 수 없다. 엄마 또는 아빠의 역할에 대해 필요하다고 생각되는 것들, 또 사회에서 필요하다고 하는 것들이 너무 많은 탓이다. 아이들이 "무얼 더 해야 하는지 모르겠어요"라고 말하는 것처럼 말이다.

　부모는 자신의 기대에서 벗어났다고 여기는 아이의 상태에 부모의 영향이 있다는 것을 받아들이는 것이 두렵다. 이것은 부모만이 가져본 자격지심이다. 특수한 경우를 제외하고, 아이의 부정적 상황에 대해 "내 잘못이에요"라고 말하는 부모를 만나본 경험은 별로 없다.

한번 생각해보자! 이런 이야기를 해본 적이 있었는가?

"우리 아이는 나를 닮아 공부를 못해요." "나를 닮아 애들하고 잘 싸워요." "나를 닮아 욕을 잘해요." "나를 닮아 노는 것을 좋아해요." "나를 닮아 별스러워요."

내 아이들이 어린 시절에는 이런 경험이 전혀 없었다. 또한 그렇게 이야기하는 부모를 만나본 적도 없다. 물론 극단적인 상황에서는 예외일 수도 있다. 이처럼 부모가 가지는 자격지심을 채우고자 부모 자신은 물론 아이에게도 더 많은 것을 요구하고 있다.

아이에게 요구가 많아지는 만큼 나는 부모로서 아이에게 멀어지고 있다. 부모의 역할도 불분명해진다. 그리고 긍정이 축소되고 부정이 확대되어 잘못되고, 바로잡아야 하고, 되돌려야 할 것이 많아진다.

내 아이가 하나를 주어도 열을 아는 천재가 되기를 기대하기보다는 하나라도 제대로 알아갈 수 있도록 부모가 시간을 주고 조금은 여유롭게 바라보고 지켜봐야 아이들이 자신의 미래와 삶에 더욱 집중할 수 있게 한다.

부모의 말 한마디가 성장의 씨앗이 된다

떡잎은 거목이 아니다

아직 어린 자녀를 보고 "내 아이의 떡잎을 보니 저 아이가 자라서 뭐가 될지 딱 알겠다", "아마 저 싹이 크면 뭐가 될 거야!"라고 말하는 것이 가능할까? 그렇지 않다는 것을 우리는 알고 있다. 그런데도 우리는 이걸 봤다고 또는 안다고 이야기할 때가 있다.

부모가 되어 내 아이는 어떤 싹 또는 어떤 씨앗인가에 대해 생각해본 적이 있는 부모는 많지 않을 것이다. 우리는 어떤 씨앗일까? 씨앗은 인간에게는 가능성, 미래 사회에는 희망이라는 이름으로 불린다. 우리는 가끔 이런 이야기를 듣거나 말하고는 한다. "될 성싶은 나무는 뭐부터? 떡잎부터 다르다." 그러나 떡잎보다 중요한 것은 완성이다.

떡잎으로는 어떤 거목이 될지 가늠할 수 없다. 하나의 떡잎이 자라려면 수없이 많은 요건이 필요하다. 부모는 은연중에 나도 모르게 거목이 될 수 있는 싹을 죽이기도 살리기도 한다.

하나의 떡잎이 거목이 되려면 모든 요건을 충족해야 한다. 그래야 비바람을 이기고 세월을 이기고 진정 쓸모가 있고 가치 있는 하나의 거목으로 완성된다. 내 아이는 과연 어떤 요건을 충족해야 거목의 모습으로 완성될까? 이 질문에 대해 부단히 고민하고 또 고민해보자.

내 아이가 성장하는 데 지지와 응원을 보내는 부모로 거듭나려면 지금까지와는 조금은 다르게 생각하고 행동해야 한다.

존 아사라프John Assaraf와 머레이 스미스Murray Smith가 쓴 《해답The Answer》(랜덤하우스코리아, 2008)에 나오는 내용을 소개하겠다.

17살 무렵까지 "안 돼! 넌 하면 안 돼"라는 말을 평균 15만 번을 들을 때 "그래! 해도 돼"라는 말은 5,000번 듣게 된다고 한다. 아이들은 1번의 "Yes"를 들을 때 30번의 "No"를 경험하고 있다. "Yes"와 "No"의 비율이 1:30이란 말이다. 이 경험이 '나는 하면 안 돼!' 또는 '나는 할 수 없어!'라는 강력한 믿음의 바탕이 된다고 한다.

'안 되는 것들'에 대한 계속된 반복적 피드백은 어떤 결과를 낳을까? 아이가 성인이 됐을 때 '안 된다'로 스스로에게 제재를 가하는 경우가 더 많아짐으로써 지나치게 소극적이고 자신에 대한 확신이 부재해 시도하는 것보다는 미리 포기하거나 좌절하게 된다.

이런 경향성은 어떤 생각을 통해 목표를 세우고 '무언가 해볼까! 했으면 좋겠어!'라고 결정할 때, 뇌가 무의식적으로 또는 자동 반사적으로 '안 될 거야!'라는 결론을 미리 내리게 한다. 학습된 무의식은 무엇인가 새로운 것을 시도하려고 하면 "그거 너 안 하던 거잖아!" 하고 결단을 가로막는다.

아이와 부모의 뇌는 계속 최면에 걸려 '안 된다'에 집중하게 되어 '아이들은 난 이것을 하면 안 된다, 부모들은 이건 하면 안 된다'며 거목이 되어가는 과정에 필요한 가능성에 제재를 가하게 된다.

"안 돼!"보다는 기회를 제공해보자. 부모가 "No"만 덜 해도 내 아이의 가능성이 더 많이 열린다. 아이가 자신의 가능성을 극대화하는 데 중요한 영양으로 작용하는 것은 부모로부터의 무한 신뢰다. 자녀가 거목이 될 것이라는 믿음, 나의 부모는 어떤 상황에서도 나를 믿고 기다려줄 것이라는 믿음 말이다.

그런데 부모가 보내는 믿음의 메시지는 가끔 오류가 발생하기도 한다. 예를 들어 "난 널 믿어! 믿어! 믿어!" 하다가 기다림에 먼저 지친 부모는 이렇게 이야기한다. "너를 믿었는데 어떻게 나한테 이럴 수가 있어?", "너를 믿은 내가 바보지." 여기에 더해 "너 믿는다고 했어! 안 했어! 그럼 똑바로 해야지"라고도 한다. 스스로 자녀와의 신뢰를 깨버린 것이다.

부모가 자녀를 믿고 기다린다는 것은 거목이 완성될 때까지를 의미하는 것은 아니다. 최소한 묘목이 될 때까지는 기다려야 한다. "내가 믿는데 어떻게 이렇게 할 수 있어"에 속지 말고 내가 가진 믿음의 줄다리기에서 이겨내야 한다.

앞에서 에너지는 집중하는 곳으로 흐른다고 했듯이 내 아이의 가능성을 이야기할 때 에너지는 가능성으로 흐르게 된다. 마찬가지로 자녀가 하는 행동 내에 부모가 싫어하거나 불편해하는 불가능성을 이야기할 때 에너지는 불가능성으로 흐르게 된다.

같은 이야기로 예를 들어보자. 똑같은 "공부해!"인데 "너는 시도하면 원하는 것을 얻을 수 있을 거야!"라고 이야기하는 것과 "너 공부 그렇게 안 해봐. 뭐가 되는지!"라고 이야기하는 것은 완전히 다르다. 똑같이 공부하라는 뜻이다. 그러나 받아들이는 입장에서는 다르다.

부모가 자녀에게 전달하는 가능성의 메시지에 포장을 제거하고 온전히 자신이 바라고 아이에게 전하고 싶은 메시지를 전달해 자녀가 부모를 오해하는 부작용에서 벗어나야 한다.

아이들의 가능성에 물꼬를 트는 부모

자녀가 행복하고 즐겁고 가치 있는 존재이고, 건강하고 용기 있고 정의롭고 진실하고 사랑이 많고 끈기 있고 배려가 있는 사람으로 자라기를 바라는가? 또 신나게 살아가기를 바라는가? 그렇다면 이런 가능성에 에너지가 흐를 수 있도록 늘 물꼬를 트는 표현을 해야 한다. 이렇게 쌓이고 쌓인 성장의 씨앗에 주는 영양은 영원히 내 자녀의 긍정적인 삶에 에너지로 남아서 역동할 것이다.

나의 어린 시절 이야기다. 나는 어려서 몸이 많이 약해 주변 사람들로부터 "오늘 죽을지 몰라요" 또는 "내일 죽을지 몰라요" 등 걱정 어린 말을 듣는 아이였다. 생존 가망이 없어 보이는 어린 나를 보고 친정아버지는 늘 이렇게 말씀하셨다.

"저게 뭐가 되도 될 텐데." "저 아이가 사람 노릇을 할 수 있을 텐데…"

나는 어렸을 때부터 그런 이야기를 무수히 들었다. 하루, 이틀을 넘기지 못할 것 같았던 아이가 사흘, 나흘 그리고 1년, 2년, 10년, 20년을 살았다. 그런데 그 과정에서도 아버지는 살았다는 기쁨과 감사에 나를 보시며 이렇게 말씀하셨다.

"저게 뭐가 되도 되겠어. 아이고! 이제 진짜 사람 노릇 하겠어."

20대 후반에 결혼해서 만난 두 번째 아버지인 시아버지께서도 자주 하시는 말씀이 있었다.

"저 애는 고집이 있어서 끝을 보겠어!"

이처럼 주변 사람들 그리고 영향력이 있는 가족 관계의 구성원들로부터 받아온 말들은 쌓이고 쌓여 나에게 자부심이 되었다. 아니 자신감이 되고, 리바운드 에너지rebound energy가 되어 그 어떤 상황에서도 나를 일어나게 하는 원동력이 되었다.

내가 정말 흔들거리다 실패를 만나도 실패를 생각하기보다는 "아이 참, 맞아. 난 뭐가 되도 될 거야!" 그리고 "나는 고집이 있어서 끝을 볼 거야!" 등의 말을 떠올린다. 이 말은 늘 나에게 다시 무엇인가를 시도

할 수 있게 하는 리바운드 에너지가 된다. 나는 무엇을 하든 힘들고 어려운 상황에 부딪히면 맨 먼저 이 말이 떠오른다. 그 말 한마디가 어느새 나의 믿음과 신념, 가치관으로 자리하고 있다.

이처럼 모든 사람에게는 자신에게 힘이 되는 한마디였으면 하는 것이 있었을 것이다. 그것이 바로 부모다. 그런데 우리 부모가 주는 많은 것 중에 아이들이 받는 것은 선별적이다.

나의 부모님도 많은 이야기를 하셨을 텐데 그 많은 이야기 중에 왜 특별히 그 이야기가 내 이야기가 되었을까? 그렇다. 부모의 많은 피드백과 관심 중 아이들은 어떤 것들을 받을지 모른다. 그렇다면 단 1초라도 아이에게 가능성의 단어를 심어주는 순간을 지나쳐서는 안 된다.

아이에게 심어주는 가능성의 시간은 1초가 모여 10초, 1,000초, 1만 초, 몇 십만 초, 몇 백만 초, 몇 억만 초가 된다. 이 시간은 아이가 세상 그 어느 곳에서 넘어져도 '나를 지켜보고 지지하고 기다려주는 부모가 있어'라는 확신과 믿음을 가지게 해 벌떡 하고 일어설 수 있는 리바운드 에너지를 만들어낸다.

부모가 전하는 자녀에 대한 믿음이라는 영양제와 가능성의 에너지 공급은 자녀의 자부심에 동기를 부여하게 된다. 이는 다시 부모와 아이의 연대감 및 자존감을 끌어올려서 비바람과 세월을 이기는 엄청난 자양분이 된다.

전 세계 60억 인구가 각기 다른 생각을 하고 있고 각각이 그들만의 가능성과 특성을 가지고 있다. 그런데도 부모가 하나의 방법으로 일반화해 아이를 최고로 만드는 데 집중한다면 아이는 고인 물이 되어 앞으로 나아가지 못하게 된다.

우리가 지금까지 알고 있는 수없이 많은 성공한 사람들 즉, 빌 게이츠Bill Gates도 있을 수 있고 아인슈타인Albert Einstein도 있을 수 있다. 이 사람들이 성공한 방법과 똑같은 방법을 우리 아이에게 제공하고 습득시킨다고 해서 빌 게이츠가 되고 아인슈타인이 될 수는 없다.

각각의 스토리에 맞게, 아니 각자 거목의 가능성이 요구하는 요인에 맞게 방법을 찾아야 한다. 내 아이만의 스토리를 창조할 수 있는 가능성의 피드백을 여과 없이 전달할 때 내 아이는 진정한 미래의 인재로 자기만의 길을 만들어가게 된다.

초등생 학부모는 자녀가 좋은 중학교에 입학하기를 바란다. 중학생 학부모는 좋은 고등학교에 진학하기를 바란다. 이 희망이 좋은 대학, 좋은 회사로 이어지면서 전형적인 사람을 찍어내는 것이 아이의 미래에 관한 바람이 되었다.

부모의 역할은 사람을 키우고 세상에 선한 영향을 끼치는 인재를 양성하는 과정에 함께하는 것이다. 전형적 인조인간을 만들어내는 것이 아니라는 말이다. 지금 우리는 세상에 선한 영향을 끼치는 인재를 양성하는 부모인가? 혹시 전형적인 인조인간을 만들어내고 있지는 않은가?

아이의 정서를 평생 책임지는
예방주사를 놓자

고칠 수 없는 아이 : 고칠 때가 없는 아이

자녀가 아직 철모르는 아이일 때는 '이렇게 하면' 또는 '저렇게 하면'처럼 내가 생각하는 기준에 따라 아이를 양육하면 아이는 부모가 바라는 방향대로 또는 기대하는 대로 될 줄 믿는다.

아이가 무엇을 원하는지를 살피기 전에, 세상이 원하는 내용에 부합하는 것 중 부모가 생각하는 최상의 것이라고 여기는 것에 더 집중하고 있는지도 모른다.

아이들이 아주 어렸을 때부터 넘어지거나 무언가 깨트리거나 부딪히거나 할 때, 항상 이렇게 말하는 엄마가 있다.

"괜찮아! 너만 괜찮으면 돼. 괜찮지!"

그 자녀들이 초등학생 때 일이다. 남자아이들만 둘이다 보니 극성스럽기도 하고 행동반경도 범위도 넓다.

어느 날 저녁을 하느라 엄마는 부엌에 있었다. 엄마가 저녁을 준비하는 동안 아이들은 뛰어다니며 집 안에서 숨바꼭질을 했다. 갑자기 아이들이 들어간 방에서 "쾅" 하는 소리가 들려왔다. 순간 엄마는 심장이 멎고 머리가 멍해져 하던 일을 멈추고 급히 소리가 난 방으로 달려갔다. 방 안 광경은 더욱 놀라웠다. 거울이 붙어 있는 옷장의 문이 그대로 떨어져 유리가 산산조각 나 있었다.

그 광경을 눈으로 보고 있는 엄마는 숨을 쉴 수 없을 만큼 두려워졌다. 그 방에서 웃고 떠들고 뛰고 있던 아이들이 보이지 않았기 때문이다. 바로 그때 옷장 안에서 두 아이가 씩 웃으면서 "엄마, 우리는 괜찮아요"라고 말했다.

"엄마, 우리는 안 다쳤어요! 정말 괜찮아요!"라는 말을 몇 번이고 하는 아이들이 오히려 놀라 당혹스러워하는 엄마를 걱정하고 있었다. 엄마는 아이들의 이 모습을 보면서 안도의 한숨과 함께 어이없게도 웃음이 나왔다.

아이들의 이런 반응에는 분명 어떤 영향이 작용했을 것이다. 그것은 부모의 사고 패턴과 생활양식 및 아이들에게 전하는 피드백이 아이들 스스로에 대한 가치 판단과 행동에 영향을 끼치고 있음을 알 수 있다.

이번에는 위 사례의 엄마 이야기다. 30대 중반의 엄마가 언제나처럼 부엌에서 저녁을 하다 기름이 눈두덩에 튀어 손톱만 한 크기의 흉터가 생겼는데 점처럼 남아 사라지지 않았다. 젊은 나이에 꼭 검버섯처럼 손톱만 하게 눈두덩에 있는 것이 거슬려 피부과를 찾았다. 젊은 엄마가 찾은 피부과는 성형외과를 병행하는 곳이었다.

접수를 마친 후 기다리다 진료실로 들어갔다. 상담자는 무엇 때문에 왔냐고 물어보기도 전에 젊은 엄마의 외모를 스캔하더니 높은 금액의 견적을 내기 시작했다.

"사모님은 이목구비가 뚜렷하신데요? 여기 조금, 저기 조금, 여기 약간, 저기 약간만 시술을 받으시면 굉장히 아름다우실 것 같아요."

상담 선생님의 말을 듣고 있던 젊은 엄마는 그제야 말을 했다.

"그게 아니라, 저는요, 여기 있는 이 상처를 레이저나 다른 방법으로 없앨 수 있는지 알아보려고 왔어요."

"아, 물론 가능합니다. 여기만 조금 시술하시면 이렇게 될 것이고 여기를 이렇게 하면 이런 모습으로 저기를 저렇게 하면 또 이런 모습으로…"

상담 선생님의 설명은 끝이 날 기미가 없었다. 더 듣고 있다가는 시간이 오래 걸리겠다 싶었다.

"잠깐만요, 선생님. 제가 아침마다 거울을 보잖아요?"

"그렇죠."

상담 선생님은 호기심 가득한 얼굴로 답했다.

"그런데요, 거울을 볼 때마다 제 얼굴을 보면 아무리 봐도 고칠 데가 없거든요?"

젊은 엄마의 말이 끝나자 상담자는 본인도 모르게 실소를 하고 말았다.

"혹시 고칠 일이 생기면 그때 올게요. 제가 저를 아무리 봐도 고칠 데가 없어서 그만 가봐야겠어요."

젊은 엄마는 정중히 인사를 하고 돌아왔다.

이후 젊은 엄마는 이렇게 말한다.

"사실 난 고칠 데가 없는 사람이 아니라 고칠 수가 없는 사람이에요. 지금 잘 조화된 내 나름의 모습이 익숙하거든요. 그런데 눈을 예쁘게 고치면 분명히 코가 말하겠지요. '코가 이상해, 코가 이상해.' 그래서 코를 고치면 그다음엔 '턱이 이상해, 턱이 이상해'라고 이야기할지도 모르잖아요."

젊은 엄마는 고칠 데가 없는 것이 아니라 고칠 수가 없음을 알기에 "고칠 데가 없다"고 말한 것이다. 이처럼 우리가 말하는 한마디의 의미가 참 다른 뉘앙스를 가진다.

자부심을 주기 위한 한마디, 그리고 자괴감을 경험하게 되는 또 다른 한마디, 지금까지 우리는 어쩌면 고칠 데가 없는 것이 아니라 고칠 수가 없는 것처럼 살아왔는지 모른다. 부모 스스로가 고칠 데가 없는 내가 된다면 굳이 고칠 수 없는 나하고 싸워 힘들어하지 않아도 되지 않을까 싶다.

개입은 타이밍이다

　어떤 부모가 아이를 과학 영재로 키워야겠다는 생각으로 과학과 관련된 다양한 정보를 아이가 아주 어릴 때부터 경험하게 하고 모든 열정을 쏟아부었다. 그 아이는 부모가 바라는 대로 우수한 성적을 거두고 과학 관련 각종 대회에서 상을 받는 등 탁월한 과학 영재로 두각을 나타냈다. 그 아이가 어느 때부터인가 말이 없어지고 집에 들어오기도 싫어하고 부모와 얼굴을 마주하는 것조차 꺼리기 시작했다.

　부모는 청소년기에 누구나 겪는 과정이라고 생각하고 '지금은 위기야. 이때를 잘 넘겨야 해!'라는 판단에 오히려 더 많은 관리와 구속, 제재라는 방법을 선택하게 되었다. 아이가 중학교 시기가 끝나갈 무렵이 되자 아이는 부모의 통제 안으로 들어오는 것이 아니라 점점 부모라는 울타리에서 벗어났다.

　부모라는, 가족이라는 울타리 밖의 새로운 세계에 대한 경험과 흥미로운 것들을 찾아 나서기 시작한 것이다. 아이는 사람들과 어울려서 이야기하고 토론하고 웃고 그 과정에서 동기를 부여받는 것을 좋아했다. 그러나 부모는 몰랐다. 이미 부모의 품을 벗어난 아이는 어떻게 해볼 수 있는 범위 밖에 있게 되었다.

　아이가 걷잡을 수 없을 만큼의 거리로 멀어졌을 때에야 부모는 돌이켜보았다.

　'뭐가 잘못됐을까?' '안 해준 게 없는데?' '다른 아이가 하고 싶어 하는 것들을 미리 알아서 해주었는데…'

아이에게 섭섭함과 서운함을 느낌과 동시에 부모 스스로는 자괴감, 허탈감, 무력감 등에 빠지기 시작했다. 얼마만큼의 시간이 흐른 뒤 부모는 "아하!" 하는 깨달음이 있었다.

깨달음의 내용은 '난 내 아이가 원하는 것을 단 한 번도 주어본 적이 없다'는 것이다. 그 깨달음의 계기가 된 사건은 이랬다.

어느 날 아이가 말했다. "친구들과 놀고 싶어요."

"오늘은 안 돼! 과학 학원에 가야지."

며칠 후 아이가 다시 물었다. "친구들이랑 집에 와서 같이 있어도 돼요?"

"안 돼. 수학 공부해야 해."

얼마 후 아이가 다시 말했다.

"아빠, 친구 데리고 와서 파자마파티하고 싶어요."

부모는 여전히 같은 말을 되풀이했다.

"안 돼."

아이는 다시 부탁했다.

"한 번만이요."

마지못해 부모는 승낙했다.

"그럼 꼭 한 번만이다. 언제, 무슨 요일에, 몇 명 데려올 거니?"

"아빠! 친구와 같이 자고 싶은 생각은 있지만 언제, 무슨 요일에, 누구누구를 집에 데려와 자겠다는 건 지금 답할 수 없어요. 그게 언제가 될지 언제 정말 그렇게 하고 싶을지 잘 모르겠어요. 정말 하고 싶을 때 이야기할게요."

여기서 발생한 오류는 무엇일까? 아이는 자신이 정말 원하는 때 원하는 것을 결정하겠다는 것이고 부모는 그때를 정해달라는 것이다. 우리는 아이들이 정말 원하는 때가 언제인지 알지 못하고 알려고도 하지 않았다. 그러고는 무조건 개입하려고만 한다.

개입은 타이밍이다. 그 타이밍을 놓치면 정말 원하는 것이 아닌, 정말 소중한 것이 아닌 그냥 부수적인 하나의 과정이 되어버리거나 그냥 종속물로 취합되는 일이 생길 수 있다.

부모는 아이들이 '이것을 주면 이렇게 될 것 같고 저것을 주면 저렇게 될 수도 있다'는 확신 없는 착각을 한다. 이와 함께 '아이를 이렇게 키워야겠다. 저렇게 키워야겠다'고 자기만의 계획을 세운다. 이때 아이의 계획은 별 의미를 가지지 않는다.

그런데 아이는 지금이 아이이지, 영원히 아이로 남지 않는다. 부모가 주는 것을 받고 자라는 아이에서 서서히 어른이 되어가고 있는 걸 부모는 잊고 있다. 부모는 내 아이는 영원히 아이로 남을 것이라는 착각을 하곤 한다. 내 아이는 영원히 내 아이로 내 곁에 머물지 않는다.

아이가 배웠던 것들이 아이의 삶에 어떤 영향을 끼칠지 우리는 알 수 없다. 그저 부모 입장에서 필요하다고 생각하고 그것을 가르쳐야 할 것 같다는 불안감에 휩싸여 계속 무언가를 제공할 뿐이다. 그리고 부모는 바란다. 내가 제공했던 것들이 최상의 것이 되어 아이가 만족감을 경험하게 되기를 말이다.

부모가 바라는 아이의 만족감을 만드는 환경은 아이의 의견을 반영하지 못하고 있을 수 있다. 언제부터인가 부모와 아이는 서로 다른 방향에서 서로 다른 이야기를 하고 있다. 아이는 아이가 보는 세상에 관한 이야기를 하고 있고, 부모는 부모가 보는 세상에 관한 이야기를 하고 있다. 부모는 어떻게 하면 성공하는지에 대한 부모 세대의 성공 노하우를 아이가 알기를 원하고, 아이는 어떻게 하면 잘 살아갈 수 있는지에 대한 자신의 방향을 알고 싶어 한다.

아이가 알고 싶어 할 때 알고 싶어 하는 것을 공유하는 기회를 마련하는 것이 개입이다. 이때가 바로 아이가 원하는 부모 역할이 필요한 순간이다. 아이의 긍정적이고 바람직한 자기 계획에 열정을 가지게 만드는 타이밍이다.

아이들이 알고 싶어 하는 것에 부모는 관심이 덜하거나 없을 수도 있다. 아이들이 미숙하니 잘 모를 것이라 판단하는 탓이다. 그런데 한 번 되돌려 생각해보자. 우리도 청소년기에 분명히 알고 싶은 것들이 있었고 인정받고 싶은 것들이 있었다. 그것이 꼭 부모가 제공하는 것만이었나를 돌이켜본다면, 지금의 아이들은 어떤 생각을 하고 있는지 좀 더 객관적으로 생각해볼 계기가 되어줄 것이다.

어떤 부모도 자식이 잘못되기를 바라지는 않는다. 부모는 자식을 위해 최상과 최선의 것을 제공하고자 온 힘을 다한다. 그런데 지금 부모 자신의 결핍을 아이에게 투사하고 있지는 않은지 생각해보자.

부모가 흔히 얘기하는 "네가 뭐가 아쉬워서?" 또는 "네가 뭐가 부족해서?" 등의 말은 내가 주는 것에 대한, 내가 준 것에 대한 가치를 인정받고 싶은 기대에서 나오는 언어들이다. 그런데 지금 우리는 우리 부모에게 그 보답을 하고 있나 생각해본다면 그도 아닐 것이다.

사람은 타인은 물론이거니와 스스로에게도 만족하지 못하고 살아가는 경우가 많다. 그런데 그 만족의 기준을 세울 때, 내 아이라는 이유 하나만으로 객관적인 잣대가 아닌 주관적인 잣대를 들이민다. 그리고 부모의 만족 기준에 맞추어 끌어올리기 위해 무언가를 계속 종용하곤 한다.

이제 아이들이 우리가 주는 것 이상의 것들을 받아들일 수 있도록 배려해야 한다. 부모가 주는 것 중 선택해 받아들일 기회를 제공하는 것은 아이가 자주적인 사고를 할 수 있는 역량을 계발하는 기회가 된다.

그런 역량은 어디서 나올까? 그것은 끝없는 창의적인 사고와 자유로움에서만 가능하다. 조금은 엉뚱하고 조금은 당혹스러운 것들을 경험할 수도 있다. 그런데 그 엉뚱하고 당혹스러움이 내 아이의 미래 선택과 결정을 하는 데 자양분이 된다. 이런 초석을 다지기 위해 부모는 아이를 지원하고 지지하고 인정해주어야 한다.

그러나 이런 개입은 언제나 가능한 것이 아니다. 적정한 타이밍을 찾아야 한다. 타이밍을 벗어난 개입은 그 가치를 충분히 발휘할 수 없다. 오히려 아이에게 거부감과 버거움으로 다가올 수 있다.

4장

How to ②
아이의 방황을 멈추고
방향을 찾게 하는
부모 공부

중2병?
사춘기는 병이 아니다

중2병

사람은 태어나서 죽는 날까지 생애 매 단계에 변화의 과정을 거친다. 청소년기의 아이들은 내적으로나 외적으로 많은 변화와 맞닥뜨리게 된다. 이런 변화는 어느 한 개인에게만 국한되는 것이 아니다. 누구나 그 시기에 부닥치는 생애 단계의 성장 과정에서 나타나는 하나의 현상이다.

이런 변화의 과정 단계 중 청소년기의 아이들은 감정적으로나 정서적으로 그리고 무엇보다 두드러지는 생물학적 변화까지 급격한 변화를 겪는다. 아이 스스로는 조금은 당혹스럽고 생소해하기도 하고, 신기해하기도 한다.

청소년들을 대상으로 적응력 향상 특강을 나갔을 때의 일이다. 강의 도입 부분에 이런 인사로 강의를 시작했다.

"저는 누구라고 하는데, 여러분은 누구신가요?"

이곳 학생들의 반응이 참 흥미로웠다.

"저희는 북한도 무서워하는 중2예요."

"그렇군요. 그런데 중2인 것과 북한이 무서워하는 것과 무슨 관계가 있나요?"

"중2는 질풍노도의 사춘기라 안하무인이고 무서워하는 것도 없다고 하잖아요."

학생들은 깔깔 웃으며 대답했다. 나는 다시 물었다.

"정말 그래요? 여기 있는 여러분은 무서운 것도 없고 안하무인이고 그런가요?"

"아니요. 저희는 아니라고 하는데 어른들은 그렇대요."

그렇다. 언제부터인가 아이들보다 어른인 부모에게 더 큰 문제로 인식되고 그것이 점점 일반화되면서 '중2병'이라는 용어까지 등장하게 되었다. 그러나 사람이 태어나서 죽음에 이르기까지 변화라는 것은 어느 한 시기에만 국한되어 일어나지 않는다.

모든 사람은 단계별, 연령별 발달과 성장 과정을 지나 노화라는 과정을 거치는 동안 여러 차례 전환적인 과정을 겪는다. 그런데도 특별히 청소년기, 사춘기의 변화에 대해서는 중2병이라는 용어를 붙여 사회적으로 공공연히 쓰고 있다.

오히려 사춘기가 되면 누구나 크고 작은 부적응을 보여야 하고 그러한 특징들을 어느 정도 드러내 보이지 않으면 안 되는 것처럼 당연한 청소년 사회 현상으로 고착시켜 받아들이고 있다. 이런 현상은 청소년기의 아이들이 사춘기가 되면 누구나 방황하고 예민하고 조금은 별스러워야 하기라도 한 것처럼 모든 청소년기의 아이들에게 일반화시켰다.

의외로 청소년 시기에 잘 적응해나가는 청소년들에 대해서도 그전과 다른 언행을 보이지 않으면 성인기로의 이행 학습을 하고 있지 않은 아직 미성숙한 어린아이에서 벗어나지 못하고 있다는 편견이 작용할 수 있기에, 조금은 의도적으로라도 그런 행동을 만들어내기도 한다.

청소년 자녀를 둔 학부모를 대상으로 하는 강연에서 "자녀들에 관해 이야기해보세요"라고 하면 어느 부모라고 할 것도 없이 현재 자신의 자녀에 대한 문제, 바꾸고 싶은 부분, 부족한 부분, 부모가 자녀에 대해 불편하게 여기는 부분에 대해 끝없이 이야기한다. 강연자가 문제나 개선해야 하는 부분 또는 부정적 부분에 관해 이야기해달라고 꼬집어 요청하지 않았는데도 말이다.

청소년기의 자녀를 두고 있는 부모는 이미 '내 아이는 사춘기이고 방황의 시기고 예민하고 자기주장이 강하고 의사소통이 어렵다'는 전제를 가지고 있다. 이런 부정적인 전제들이 모여 청소년기의 자녀를 바라보는 관점을 왜곡시키고 있다.

이런 왜곡은 부모가 아이에게 전달하는 언어와 행동에 영향을 끼치게 된다. 이 영향은 아이들에게는 간섭이나 소외, 무시 등으로 오인되어 받아들여진다. 특히 자녀가 사춘기에 접어들면 오히려 부모와의 대화 패턴이 지시적이거나 형식적이고 수직적으로 이뤄지는 경우가 늘어난다.

이런 이야기를 하면 부모는 '애들이 이제 조금 자랐다고 부모하고는 같은 공간에 있는 것도 불편해하고 아이들이 더 많이 대화를 회피하려 한다'고 생각할지도 모른다.

사춘기는 아이인가 어른인가?

사춘기 자녀를 둔 부모는 이제 아이가 좀 어른스럽게 행동하기를 바라고 있다. 그런데도 아이들과 대화를 할 때는 어린아이를 다루듯 한다. 그러면서도 아이들의 행동은 좀 어른스럽고 점잖아지기를 바란다.

이때 아이들은 어떤 생각과 기대를 가지고 있을까? 청소년기의 아이들은 부모와 마찬가지로 부모와의 소통에서는 물론이고 주변 사람들이나 어른들이 자신을 대할 때 존중해주고 좀 더 성장한 성인으로 인정해주기를 바란다. 이런 것을 바라는 청소년기 아이들의 행동은 아직 아동의 행동 양식에서 크게 벗어나 있지 않다.

이처럼 부모와 아이는 서로가 서로에 대해 다른 생각과 다른 행동 그리고 다른 의미로 대화하고 있다. 특별히 청소년기 자녀와 부모는 더 그렇다. 부모는 아이에게 어른이 되기를 바라면서 아이처럼 대하고 아이는 어른처럼 대접받고 싶어 하면서 아이처럼 행동한다. 이것은 서로 다른 조건과 문제를 제시하고 있어 답을 찾을 수 없는, 마치 맞추기 힘든 퍼즐 조각과도 같다.

부모들에게 이런 질문을 한 적이 있었다.

"부모님들의 청소년 시절로 돌아가 나의 부모가 이야기를 해주었더라면 청소년기 이후 지금까지의 나의 삶에 힘이 되었을 것 같다고 생각하는 말이나 꼭 듣고 싶었던 말은 무엇입니까?"

부모들은 많은 이야기를 해주었다.

"너라서 고마워!" "너는 꼭 행복해질 거야!" "네가 하고 싶은 것에 도전해봐!" "너를 정말 사랑한다." "용기를 내!" "미안해!"

이처럼 부모들도 자신의 부모로부터 힘이 되는 말, 듣고 싶었던 말이 있는 것처럼 우리의 아이들도 힘이 되는 말, 듣고 싶은 말이 있다. 나는 한 번 더 요청했다.

"지금 여기 계시는 분들의 아이들은 부모로부터 어떤 이야기가 듣고 싶을 것 같은지 나누어주시겠어요?"

부모들은 아마도 우리 아이는 이런 말을 듣고 싶어 할 것 같다고 이야기했다.

"널 믿어! 사랑한다." "힘들지? 천천히 해도 괜찮아!" "너는 정말 소중한 딸이야!" "넌 늘 엄마한테 최고야! 알지?" "넌 잘 할 수 있어, 파이팅!"

이어서 "그런 이야기를 아이들에게 얼마나 해보았느냐?"는 내 질문에 부모들은 다양한 반응을 보였다. 한 번도 못 해보았다는 부모, 이 시간 처음 생각해보았다는 부모, 눈시울을 붉히는 부모, 고개를 떨어뜨리는 부모, 씁쓸한 표정을 짓는 부모의 모습 등이 보였다.

나는 그 모습을 보면서 말을 이었다.

"저도 그랬습니다. 저는 부모가 된 이후 나도 모르게 나서부터 부모인 양 아이들의 마음을 볼 줄 몰랐던 때가 있었습니다."

부모인 우리도 태어날 때부터 부모가 아니었다. 부모 바라기의 아동기 시절이 있었고, 친구 바라기의 청소년 시기도 있었다. 청소년 시기에 '중2병'이라는 별칭을 붙여 아이들에게 굉장히 치명적인 시기로 기억되게 하는 것은 바람직하지 못하다. 그보다는 앞서 말한 부모들이 듣고 싶었던 이야기 그리고 나의 아이가 듣고 싶어 할 것으로 생각하는 정서에 바탕을 둔 이야기를 들려주어야 한다. 그런 말을 마음 안에 꼭꼭 담아 아무도 모르게 두지는 말자. 가끔은 마음껏 풀어놓는 것도 좋다.

아이들과 이런 이야기를 나누어보라고 하면 어떻게, 언제, 어떤 방법으로 해야 좋을지 또 아이가 어떻게 받아들일지 고민스러울 수도 있다. "여기에 앉아봐. 아빠 엄마가 할 얘기가 있어" 하고 진지하게 다가가는 것보다는 스치는 말로 전달하는 것이 의외로 효과적일 수 있다. 식사 중이나 화장실 문 앞에서, 혹은 아이 방문에 대고 그냥 들릴 정도로만 말하는 것이 서로에게 가벼우면서 효과적으로 전달된다. 특히 사춘기의 아이들은 더 그렇다. 한 번이 아니라 반복적으로 자주 하는 게 좋다. 그리고 그것이 익숙해지면 다른 사람들이나 아이의 친구들 앞에서도 가볍게 그리고 자연스럽게 전달한다.

다른 조언을 하자면, 아이가 아이이고 싶어 할 때는 그냥 아이로 바라보고 아이가 어른이고 싶어 할 때는 어른처럼 받아들여 주는 것이 좋다. 아이가 아이이고 싶어 할 때는 부모도 온전히 함께 그 순간을 공유해야 한다. 내 아이와 이 시간은 다시 오지 않을 것처럼 말이다. 내 아이가 어른이고 싶어 할 때는 '내 아이가 이만큼이나 자랐구나!' 하는 부모로서의 자부심과 뿌듯함에서 나오는 너그러움으로 아이의 성장을 통한 변화를 받아들일 준비가 되어 있어야 한다.

군이 아닌데 그렇다고 할 필요도 없고 아니라고 할 이유도 만들지 않는 것이 부모도 아이도 자신의 분명한 정체성을 찾아가는 데 도움을 준다. 가족이라는 퍼즐 조각은 맞춰지기 위해 존재하는 것이다. 다만 이처럼 많은 조각의 퍼즐은 단시간에 그리고 주변의 협력 없이는 완성을 기약할 수 없다. 천천히 하나씩 그리고 인내를 가지고 서로의 퍼즐을 맞추어 나아갈 때 가족이라는 완성된 그림을 볼 수 있다.

Tip **부모 지도 찾기**

① 부모인 내가 나의 부모에게 듣고 싶은 말 한마디는 무엇인가?

② 내 아이가 부모인 나에게 듣고 힘이 될 말은 무엇인가?

③ 내 아이가 많이 자랐다고 느끼게 하는 것에는 무엇이 있는가?

④ 지금 이 순간 부모로서 나는 얼마나 자랐다고 생각하는가?

⑤ 부모인 나에게 내 아이는 어떤 존재인가?

방황이 아니라
방향을 찾는 과정임을 인지하라

꿈은 가지고 있는 것이 아니라 만들어가는 것

"요즘 아이들은 꿈이 없어."

언젠가부터 자주 듣는 말이다. 과연 그럴까? 청소년들은 꿈이 없는 것이 아니라 꿈을 향해 나아갈 길을 몰라 방황하고 있다. 사회 이곳저곳 할 것 없이 가속화를 부르는 사회 현상 속에 언제부터인지 무엇으로부터인지는 명확히 알 수 없으나 아이들은 꿈조차 강요당하고 있다.

아이들 스스로 꿈을 꾸고 그 꿈에 다가갈 수 있도록 지원하고 허락하는 문화가 실종되었다. 이제는 아이들이 꾸는 꿈에 등급을 매기고 있다. 꾸어도 되는 꿈과 안 되는 꿈, 좋은 꿈, 쓸데없는 꿈, 현실성이 있는 꿈과 없는 꿈 등 다양한 기준과 의미를 만들고 아이들의 꿈에 등급을 나누고 있다. 거기에 더해 아이들의 꿈이 세상으로부터 검증의 단계마저 거쳐야 하고 꿈으로 아이의 가치를 나누는 기준을 만들기도 한다.

중학생들에게 꿈에 대한 주제를 가지고 강의를 한 적이 있었다. 그중 한 학생이 자신의 꿈은 변호사라고 했다. "꿈을 이루기 위해 지금 현재 학생으로서 무엇을 하고 있느냐?"고 묻자 주변 친구들과 함께 깔깔 웃었다.

그래서 "나도 함께 웃으면 안 될까?"라고 말했다. 그 학생 주변 아이들이 한마디 두 마디 거들었다.

"얘는 공부를 되게 못해요." "원래 꿈은 만화가래요." "공부는 안 하고 그림만 그리거든요." "그런데 누가 물으면 맨날 변호사가 된대요."

"그랬구나!"

나는 시선을 돌려 변호사가 꿈이라고 하던 학생에게 물었다.

"친구의 꿈은 진짜 어떤 건지 이야기해줄 수 있어요?"

"만화가가 꿈이라고 하면 어른들은 '공부하기 싫으니까, 공부를 못 하니까 그런 꿈을 꾸지'라고 이야기해요. 그런데 한참 방영 중인 변호사 드라마가 있었는데 엄마가 정말 열심히 보시기에 그 후로 누군가 꿈이 뭐냐고 물으면 변호사라고 답을 하곤 해요. 저를 처음 보는 사람들은 제 꿈이 변호사라고 하면 '너 공부 잘 하는구나! 대단한데'라고 이야기하더라고요."

"부모님은 뭐라고 하세요?"

학생은 피식 웃으며 대답했다.

"부모님은 '네가 변호사가 되면 세상에 변호사 안 될 사람이 하나도 없겠다'라고 하세요."

꿈이 있어도 꿈이라고 말하면 안 되는 꿈이 있다. 아이들이 가져야 하는 꿈과 비전이 비밀이 되고 남들이 원하고 사회적으로도 괜찮은 꿈을 만들어 그 뒤에 자신의 꿈을 숨겨두어야 한다. 이처럼 아이들의 꿈에 등급을 두어 꿈과 아이를 분리시키고 있는 게 현실이다.

무엇보다 끔찍한 것은 꿈이 없는 아이들은 무능력하고 열정도 없고 목표도 없다고 단정하는 경우다. 왜 꼭 꿈을 가져야 할까? 꿈은 가지고 있기 위한 것이 아니라 만들어나가는 것이다. 꿈의 내용은 언제고 바뀔 수 있다. 아니 달라질 수도 있어야 한다. 꿈에도 융통성이 있어야 누구나 더 많은 꿈을 꿀 수 있다.

내 아이의 방황 끝에 있는 것은 부모다

부모는 꿈에 대한 메뉴판을 제시해주는 사람이 아니다. 아이들이 자유롭게 꿈을 만들어갈 수 있도록 허락하고 지지하는 사람이다. 부모가 제시하는 꿈의 메뉴판에 아이들의 꿈의 목록이 없다고 꿈이 없는 아이가 되게 하지 말자.

태어나 단 한 번도 자신의 꿈을 이야기한 적이 없는 아이는 없다. 그 꿈이 원대하든 소박하든 부모의 꿈 메뉴판에 그 목록이 없어 잊히 거나 소외되었을 수 있다. 아이가 원하는 꿈들이 부모가 듣기에는 조금은 무모하고 엉뚱해 핀잔을 주었을 수도 있다.

나의 큰아이가 유치원에 다닐 때 일이다. 아이는 자라서 반달 가면 이 되겠다고 했다.

"너에게 맞는 반달 가면 옷은 없어!" 여기까지는 그래도 괜찮다. "그 옷을 팔지도 않아! 그렇게 하고 다니면 사람들이 흉보고 웃을걸."

아이는 약하고 힘없는 사람을 지키겠다는 의미로 한 말인데 나는 상품화시켜 그저 놀잇감으로 전락시켰다.

그 후로 아이는 반달 가면이 되겠다는 이야기를 하지 않았다. 아마 도 부모인 내가 알고 있는 꿈의 메뉴판에 기록된 꿈의 이름이 아닌 엉 뚱하고 생소한 꿈이어서 냉소한 탓이리라. 나는 다시는 아이가 자신의 꿈을 이야기하면 안 되는 것으로 만든 셈이다.

이처럼 부모들의 아이의 꿈에 대한 반응은 아이들에게 부모들이 제 시하고 있는 꿈의 메뉴판 목록에 있는 것이 아니면 안 된다는 식이다. 그 결과 무엇을 해야 하는지조차 잃어버린 아이들이 늘어나고 있다. 우리 부모들은 이런 아이들을 방황하고 있다고 말하고 있다. 어쩌면 부모인 자신조차 아이가 진정 원하는 것이 무엇인지, 부모인 내가 무 엇을 해야 하는지 알 수 없어 방황하며 길을 몰라 힘겨워하고 있다.

자신이 부모이고 부모는 아이의 갈 곳이라는 것조차 잃은 채 부모 자신은 물론 아이도 돌아보지 못하고 있다. 그러고는 부모인 나도 아이도 방황하며 나와 내 아이가 아닌 주변에서, 사회에서 말하는 것 또는 요구하고 있는 것을 바탕으로 "이것이 옳다" 또는 "저것이 그르다"고 이야기하며 불안정한 현실에 불안해하고 불확실한 미래에 대해 두려워한다.

누구나 전혀 가보지 않은 곳에서 자신이 아는 길을 찾아가기까지는 시간이 많이 걸리지만, 아는 길은 쉽게 찾아갈 수 있다. 우리가 해외에 나가 길을 잃은 상황을 가정해보자. 두려움을 느끼며 안 되는 외국어로 이 사람 저 사람에게 물어도 보고 우왕좌왕하고 좌충우돌할 것이다. 반면 동네에 새로 생긴 마트를 찾는다고 가정해보자. 그냥 동네 한 바퀴를 운동 삼아 돌아보면 된다고 생각한다.

이처럼 아이들의 방황을 가볍게 할 수 있는 사람, 그 누구보다 '방황'이 아닌 '방향'으로 전환할 영향을 끼칠 수 있는 사람이 바로 부모다. 아이들도 아직 경험해보지 못한 길 위에 서서 어디로 가면 좋은지 어디로 가야 하는지 방향을 찾고 있다. 방황하고 있는 것이 아니라 길을 몰라 방향을 찾고 있다. 가고 싶은 곳이 없는 것이 아니라 갈 곳을 잃은 것이다.

부모가 바라보는 아이는 방황하고 있는 것처럼 느낄 수 있다. 방황은 갈 곳이 없을 때 일어난다. 부모는 내 아이가 어디로 가기를 바라는지 알아야 한다. 그것이 혹시 가족이고 집이라면 집으로 돌아가고 싶게 만들어야 한다.

아이가 방황하고 있는가? 지금 부모로서의 나는 아이의 갈 곳이 되지 못하고 있는 것이다. 부모는 방향을 제시하는 것이 아니라 갈 곳 그리고 가고 싶은 곳이 되어야 한다. 그 갈 곳은 언제나 아무 때나 아이에게 방향이 되어줄 수 있다.

방향이 되어준 부모의 아이는 방황하지 않는다. 그 아이들에게는 이미 갈 곳이 있고 가는 방향을 알고 있기 때문이다.

Tip 부모의 방향 점검

① 내 아이의 갈 곳이 되기 위해 부모인 나에게 필요한 것은 무엇인가?

② 내 아이는 지금 방황을 하고 있는가? 아니면 방향을 찾고 있는가?

③ 부모인 당신이 기억하는, 엉뚱하고 생소한 내 아이의 꿈은 무엇인가?

④ 부모인 나는 나의 꿈에 대해 많은 사람과 이야기해본 적이 있는가?

⑤ 부모인 나와 내 아이의 방향은 지금 어디로 향하고 있는가?

⑥ 정리한 내용(①~⑤를 바탕으로)을 나와 내 아이에게 제대로 전달하고 있는가?

내 아이에게 손가락질하지 마라, 아이는 부모를 비추는 거울이다

부모가 끼치고 있는 영향력

부모의 마음이 어떤 것인가와 관련한 많은 이야기를 들어보았을 것이다. 부모는 아이에게 많은 애틋함을 느낀다. 그리고 '내 아이'라는 단어만으로도 가슴이 아려온다. 자신의 모든 것을 다 주어도 아깝지 않은 생명 같은 존재, 주고 또 주어도 늘 주고 싶은 존재, 부모에게 자녀는 그런 존재다.

부모가 되면 자신을 잃고 아이만을 위해 살아간다고도 한다. 이리도 귀한 자신의 아이에게 가장 큰 상처를 입히는 사람들이 있다. 그 시작이 부모인 나일 수 있다. 일부러 의도하거나 계획한 것은 아님에도 불구하고 말이다.

　우리가 다른 집 아이를 보고 화를 내거나 제재를 가하거나 조건을 내세우는 경우는 거의 없다. 하지만 가족은 같이 살아온 세월만큼이나 서로에게 쌓아놓은 것이 많다. 그 세월 안에는 사랑, 미움, 서운함, 억울함, 섭섭함, 고마움 등이 쌓여 있다.

　부모와 아이 관계에서도 서로가 사랑하는 만큼이나 부모는 아이에게 두려움과 억울함의 감정을 남기고, 아이는 부모에게 섭섭함과 서운함을 남기고 있다. 그 마음 가장 깊은 중심에는 고마움과 감사가 오롯이 자리하고 있음에도 서로가 잘 알아차리지 못해 표현하지 못하고 있다.

　대부분의 부모는 외부로부터 내 아이에게 쏟아지는 질타에 대해 강하게 방어하거나 그 이상의 과민 행동을 드러내기도 한다. 내 아이에 대한 외부로부터의 질타를 자신과 동일시하는 경향성이 높기 때문이다. 부모 자신에 대한 질타로 오인하거나 부모로서의 수치로 인식하는 경우가 있어 과민해지기도 한다. 아이의 외모가 자신의 외모이고 아이의 성적이 자신의 성적이고 아이의 어리숙함이 자신의 어리숙함이라고 받아들이는 것이다.

　사람들은 의외로 남의 일에 그다지 관심이 많지 않다. 자신과 직접 관련 있는 것들이 아니면 더더욱 그렇다. 아이의 모습이 부모인 나의 마음에 부합되지 않는 행동을 발견했다면 그 행동을 하게 만드는 데 있어 부모인 나는 최소한의 영향을 끼치고 있을 가능성이 높다.

한 번은 매우 흥미로운 부모를 만난 적이 있다. 그 부모는 중학생인 아이가 게으른 나머지 감당이 안 된다고 했다. 아이를 보면 오히려 자신은 더 조급해지는데 부모가 재촉하면 할수록 아이가 더 느려진다는 것이다. 아마 일부러 그러는 것 같다고 했다.

그래서 '일부러'라고 생각하는 이유를 물었다. 친구들이 부르면 엄청 빠른데 엄마나 아빠가 무엇인가 요청하면 마냥 꾸물거린단다. "그럴 땐 어떻게 하나요?" 하고 묻자 그냥 자신이 하거나 어디 외출할 때는 두고 가는 경우도 있었다고 한다. 마침 아이와 함께 온 터라 나는 부모님에게 아이와 잠깐 이야기를 나누어도 좋은지 양해를 구했다.

아이와 이야기를 하려고 기다리는데, 엄마가 벌떡 일어나더니 밖으로 나가서는 아이를 큰소리로 재촉하듯 불러 함께 들어왔다. 그러고는 아이에게 "코치님하고 솔직하게 이야기 좀 해봐. 엄마가 말씀 잘 드려놨으니까" 하고는 아이 옆에서 꿈적도 하지 않았다.

나는 한참을 물끄러미 바라보다 부탁했다.

"어머니, 잠시만 자리를 비켜주시겠어요?"

"코치님, 우리 애는 한 번 물어봐서는 대답을 잘 안 하니, 웬만한 것은 제가 답을 해드릴게요."

아이는 그때까지 단 한마디도 하지 않고 있었다. 나는 가볍게 아이와 인사를 나누고 물었다.

"어머니는 친구가 좀 느린 편이라고 걱정을 많이 하시던데 친구 생각은 어때요?"

아이는 엄마를 쳐다보았다. 그러자 엄마가 아이에게 다그쳤다.

"말해, 너 게으르잖아, 엄청 느리잖아!"

나는 다시 또 물었다.

"친구는 어때요? 지금 엄마가 말씀하셨는데…."

"말해. 코치님이 물어보시잖아."

엄마는 거듭 몰아붙였다. 그러자 아이는 숙였던 고개를 들고 엄마를 보았다. 그러자 엄마는 1초도 기다리지 않고 말했다.

"맞지, 너 그렇지? 얘가 이래요. 아주 답답해요."

엄마는 아이에게 스스로 무엇인가를 생각하고 행동할 기회를 제공하지 않았다. 엄마는 그 시간을 기다리지 못한 것이다. 부모는 아이의 만족스럽지 않은 부분을 손가락질하고 있으나 그 모습에 부모인 자신이 영향을 끼치고 있음을 알아차리지 못하고 있었다.

엄마가 사용하는 아이에 대한 폄하의 단어는 하나의 완전한 의미를 갖춘 형태로 한 번 두 번 반복해 아이에게로 향한다. 이 엄마의 경우는 '게으르다'와 '느리다'라는 단어였다. 이 단어는 보이지 않는 손이 되어 아이를 향했고 그 손은 아이의 마음에 날카로운 화살촉이 되었다.

화살촉은 계속 깊이 파고 들어가고, 빼내려고 할 때는 날카롭게 화살촉이 휘어 고통과 상처를 남긴다. 그 후에야 화살촉은 마음 밖으로 나올 수 있게 된다. 그렇게 남겨진 상흔으로 부모도 아이도 참 많이 아프고 회복 가능성도 높지 않다.

혹여 "공부를 못 한다", "예의가 없다", "게으르다", "노력을 안 한다" 등과 같이 내 아이에게 반복되는 단어로 보이지 않는 손을 만들지 않는가? 그 손이 가리키는 방향으로 날아가 내 아이의 마음에 화살이 되어 꽂히는 이야기를 지금 하고 있는 건 아닌가? 화살이 되어버린 단어가 아이의 모습이 되기까지 부모인 나는 어떤 영향을 끼쳤는지 알아야 하고 알고 싶어야 한다.

거기에 더해 부모인 내가 만족스럽지 않게 여기는 그 아이가 바로 내가 사랑한다던, 목숨보다 귀하다고 이야기하던 그 아이라는 것을 알아야 한다. 내 아이의 모습에 내가 끼친 영향이 있다면 내 아이의 변화를 위해 부모인 내가 새롭게 끼칠 수 있는 영향 또한 존재하고 있다.

거울 속에 비친 진실

아이는 부모의 모습을 비추는 거울이라고들 한다. 그러나 신기한 것은 이 거울은 미용실의 뒷거울처럼 우리의 겉으로 보이는 겉모습, 앞모습만이 아니라 보이지 않는 곳과 숨은 곳, 들키고 싶지 않은 곳을 더 많이 비추고 있다. 이 거울을 보게 될 때 부모 자신은 조금은 고통스럽고 조금은 부담이 될 수 있다.

사람들은 누구나 자신의 상처가 드러나는 것을 불편해하고 꺼린다. 그것을 다름 아닌 내 아이를 통해 발견하게 된다면 더욱 그렇다. 부모가 아이의 모습에서 자신의 원치 않던 모습과 마주하게 되면 더 격렬하게 아이를 비난하거나 몰아붙이게 된다.

자신의 부정적인 상태에 대해 스스로에게 질타하고 화살을 날리는 것은 고통스러운 일이다. 그러나 나보다 약하고 저항이 적은 대상, 거기에 가족이라는 관계를 맺어 타인들에 비해 스스럼없는 내 아이를 통해 보게 되는 경우 자신의 치부가 드러나는 것으로 오인해 격렬하게 몰아붙이고 손가락질하게 된다. 그런데도 부모는 스스로의 모습이라는 것을 받아들이고 싶어 하지 않는다. 아니 자신의 모습이라는 것조차 알아차리지 못한다.

한 번은 모 방송에서 재미있는 이야기를 들었다.
"우리 아이가 어른들에게 존댓말을 안 해요!"
어떤 젊은 부모가 이야기했다. 엄마도 아빠도 늘 아이에게 존댓말을 하는데 아이는 이상하게도 아주 어릴 때부터 할머니와 할아버지께 존댓말을 하지 않는다는 것이다.
평소 이 젊은 부부는 아이에게 "밥 먹어야지요", "이제 자야지요" 등 모든 상황에서 존댓말을 쓰고 있었는데 말이다. 왜 그런지 궁금해서 그 문제를 해결하고자 방송국에 의뢰했다는 것이다. 그래서 관찰 카메라를 두고 보니 흥미로운 모습이 나타났다.
젊은 부부는 아이에게 이렇게 말했다. "밥 먹어야지요." "옷 입어야지요." "손 씻어야지요." "유치원 가야지요."
돌아서서는 자신의 부모와 할머니에게 이렇게 말했다. "엄마, 어디가?" "할머니, 밥 먹어야지." "할머니, 왜 안 먹어?" "할머니, 뭐 할 건데?"
아이는 존댓말을 듣는 것에는 익숙했으나 하는 것에는 익숙해지지 않은 것이다. 아이는 부모가 하는 행동을 그대로 따라 하고 있었던 것 뿐이다.

"증조할머니, 밥 먹어!" "외할머니, 밥 먹어!" "아빠, 밥 먹어!" "아빠 어디 가!"

나중에 이 아이가 커서 자기 아이에게는 존댓말을 매우 잘할지도 모른다. 이것이 보는 학습이다. 부모가 보여주는 대로 보는 것이 아이다. 아이들은 눈앞에 보이는 것만이 아니라 부지불식간에 부모의 행동들을 따라 하고 있다. 우리 아이가 과격하다면 분명히 부모 또는 가까운 주변 사람들의 모습 어딘가에 그 모습이 있었을 것이다.

"우리 아이가 겁이 없다"고 말하는 부모에게는 자신들에게 그런 모습이 있었을 가능성이 있다. 보지도 듣지도 못한 것을 아이가 행동하게 되는 경우는 많지 않다.

또 다른 경우로, 부모들이 흔히 하는 말들이 있다.

"아빠는 어려서 얼마나 공부를 잘했는지 알아? 그런데 넌 왜 이렇게 공부를 못하니!" "엄만 어려서 성실하다고 얼마나 칭찬을 받았는지 알아? 그런데 넌 왜 그러니!"

이렇듯 부모의 말만 들으면, 부모들은 학창 시절 수석이나 모범생들로만 가득하다.

부모들은 아이가 학교에 들어갈 학령기가 되면 성적 증명서와 생활기록부 하나씩을 자녀들에게 주어야 할지도 모르겠다.

곧 초등학교에 들어갈 어린 딸과 아빠의 대화를 보자. 유치원에서 친구와 말다툼을 하고 돌아온 딸은 아빠와 엄마에게 맘이 상했다고, 위로해달라고, 편을 들어달라고 이야기했다. 그러자 아빠는 딸에게 이렇게 말했다.

"아빠는 학교 다닐 때 인기도 많고 공부도 잘하고 편식도 안 했어! 딸, 아빠 멋있어, 안 멋있어?"

"멋지지."

아이는 얼떨결에 대답했다. 그러자 기다렸다는 듯 아빠가 말했다.

"그러니까 멋있는 아빠가 된 거야."

아빠는 여기에 더해, 평소에 편식해서 몸이 작은 편인 딸에게 말했다.

"아빠가 뭐라고 했지? 아빠는 아무거나 잘 먹었다고 했지. 잘 먹어야 힘도 세지고 머리도 좋아져서 친구들과 싸워도 이기는 거야."

그 이야기를 옆에서 듣고 있던 나는 그 아빠의 어린 시절을 자세히 알고 있었다. 아빠는 어린 시절 편식이 심해 쓰러진 적이 있을 정도였다. 한번은 학교에서 시험을 보고 신나게 달려와 이렇게 말한 적도 있다.

"잘한 것부터 말할까요, 못한 것부터 말할까요?"

옆에서 듣고 있던 가족 중에 한 사람이 "잘한 것부터"라고 하자 "잘한 것은 90점, 못한 것은 10점"이라고 말하고는 사라졌다.

부모가 되면 자식에게도 지키고 싶은 자존심이라는 것이 생긴다. 그러나 부모가 자신의 자존심을 이야기할 때 내 아이에게도 자존심이라는 것이 있다는 것도 알아야 한다. 내가 상처받거나 부끄러운 상황에 노출되는 것이 두렵고 싫은 것처럼 내 아이도 그럴 수 있다는 것을 부모는 알아야 한다.

내 아이를 통해서 보는 자신의 모습에 대해 솔직하게 인정하고 받아들이는 것은 내 아이의 모습을 이해하는 데 좋은 설명서 역할을 한다.

Tip **거울 속에 비친 나의 부모 모습 들여다보기**

① 부모인 내가 거울 뒤에 숨긴 자존심은 무엇인가?

② 내 아이는 나의 어떤 모습을 비추고 있는가?

③ 부모인 내가 아이 마음에 꽂은 화살촉 같은 단어들에는 무엇이 있는가?

④ 내 아이는 어떤 모습으로 나를 비추고 있는가?

⑤ 내 아이가 비추는 내 모습을 나는 어떤 방법으로 외면하는가?

⑥ 정리한 내용(①~⑤를 바탕으로)을 통해 나는 어떤 화살촉을 가장 먼저 제거할 것인지 생각해본다.

아이의 의식을
편집하려 들지 마라

부모가 범하는 아이에 대한 오류는 부메랑이 된다

4차 산업혁명 시대를 이야기할 때 로봇과 정보 산업 못지않게 자주 등장하면서 두각을 보이는 용어가 '유전자 편집'이다. 《세계 미래 보고서 2018》(비즈니스북스, 2017)이 소개하는 유전자 편집은 말 그대로 난치병이나 유전자 변인으로 고통받고 있는 사람들을 위한 것이다. 난치성 질환의 근원들을 원천적으로 치료할 목적으로 이뤄지고 있는 연구로, 사회에 긍정적인 영향을 목적으로 시도되었다. 그러나 이 연구에 대한 염려와 우려 또한 적지 않다. 이 유전자 편집이 특별한 사람들의 개인 욕구를 해결하는 도구로 사용될 수도 있고 그로 인해 퍼질 파장은 엄청나기 때문이다.

　그런데 이보다 더 두렵고 무서운 일은 의식의 편집이다. 부모 또는 어른의 사회에서 부지불식간에 아니 어쩌면 당연하게 이뤄지고 있는 것이 아이들의 의식에 대한 편집이다.

　하나의 사례를 통해 살펴보자. 아이들끼리 말다툼이 있었다. 그 광경을 보고 있던 아이 하나가 나서서 다툼을 말리려다가 다툼을 하던 아이들에게 밀려 그만 발을 헛디뎌 깁스하는 일이 생기고 말았다.

　그 일을 보고 어른들은 이렇게 말한다. "애가 별스럽게 남의 일에 나댄다 했어!"

　아이의 부모는 "오지랖 넓게 남의 일에 왜 참견하니!"라고 걱정스러운 목소리로 아이를 나무란다. 이처럼 우리 아이들의 의식은 용기를 내대는 것 또는 참견하는 것으로 편집이 되고 있다.

　어디 이뿐인가? 칭찬을 아첨으로 왜곡한다. 또한 자신의 일이 아니면 알고도 모른 척하라고 하고 승리의 의미를 지배와 힘으로 해석한다. 그래서 아이들은 왕따를 당하고 있는 친구를 보고 용기를 내면 나대는 것이고 남의 일이니 모르는 척해야 하고 나보다 잘나가는 아이를 칭찬하면 아첨하는 것으로 받아들이게 되었다.

　이처럼 강자만이 승리하는 것으로 학습되었고 그 학습에 의해 아이들의 의식에 편집이 가해졌다. 이런 의식의 편집으로 인해 타인에 대한 감정 이입을 통한 공감 정서가 축소되고 보이는 행동에 집착하며 자신의 주관이나 주체를 잃어가고 있다.

또 다른 사례를 살펴보자. 중학생을 대상으로 하는 코칭 강연 중에 몇몇 아이가 잠시도 거울을 손에서 떼지 못하고 있었다. 3교시 동안 대부분을 거울 속의 자신에게서 빠져나오지 못하는 그 모습이 참 흥미롭기도 하고 신기하기도 했다. 내가 거울을 보고 있는 여학생들에게 "정말 예쁘다"고 하자 아이들은 이구동성으로 "아니에요. 못생겼어요"라고 했다.

"그렇게 예쁜 얼굴이 못생겼다고?"

아이들 중 한 명이 말했다.

"예! 저는 못생겼어요. 연예인들은 정말 예쁘게 생겼잖아요."

"궁금한 게 있는데, 친구의 얼굴에 주먹만 한 점이 있다면 거울을 볼 것 같아요?"

"안 봐요. 흉해서 보고 싶지 않을걸요."

"그럼 거울 속 친구의 모습은 어떤 것 같아요?"

"거울 속에 있는 저는 좀 볼 만해요."

"볼 만하다는 것은 구체적으로 어떻다는 건지 말해줄 수 있어요?"

"여기에 있는 나보단 훨씬 행복해 보여요."

"그렇군요. 어떤 부분이 그렇죠?"

"거울 속 나는 웃고 있잖아요. 잘 찡그리지도 않아요."

나는 급작스럽게 강의에 참여한 모든 학생에게 백설공주 놀이를 제안했다. 모든 아이에게 메모지를 나눠주었다. 그리고 거울이 있는 사람은 거울을 꺼내봐도 되고 없는 사람은 상상해보도록 했다. 메모지에 이름은 쓰지 말고, 거울 속 자신은 어떤 모습이라고 생각하는지 또는 무엇이라고 이야기할 것 같은지 생각해보고 꼭 해주고 싶은 이야기를 써보도록 했다.

아이들의 이야기가 담긴 메모지를 거두어 하나하나 읽으면서 칠판에 붙였다. 하나씩 붙일 때마다 아이들은 "와!", "맞아!", "나도!" 등 한마디씩 했다. 메모지라는 작은 종이에는 편집되지 않은 아이들의 기대와 희망, 위로와 응원들로 가득했다.

메모지에서 칠판으로 옮겨진 내용은 이렇다.

"용기를 내. 넌 잘 할 수 있어." "멋진 어른이 될 거야!" "넌 웃는 게 더 예뻐!" "웃어줘서 고마워." "널 사랑해." "힘들면 도움을 요청해!" "기다려, 시간이 필요한 거야." "난 널 믿어!"

아이들은 용기를 내고 싶고 잘 하고 싶고 멋진 어른이 되고 싶고 웃고 싶고 사랑 받고 싶고 도움을 받고 싶고 시간에 여유를 가지고 싶고 신뢰를 얻고 싶다고 말한다. 그런데 부모는 시간이 없다고, 난 널 믿을 수 없다고, 도움보다는 주도적으로 살아가라고, 잘 하면 아이들이 말하는 것을 주겠다고 이야기한다.

아이들은 자신의 미래와 희망을 꿈꾸기 전에 부모의 기대와 희망에 부합하는 것들을 만들어야 자신의 미래와 희망을 얻을 수 있게 되었다. 부모의 꿈을 채워야 자신의 꿈을 만들 수 있게 되는 주객이 전도되는 삶에 익숙해져 있다.

나와 잘 통하는 친구보다는 공부 잘하고 모범적인 친구를 사귀어야 하고 친구들과의 관계를 형성하는 것보다는 경쟁에서 우위에 서야 하고, 과정보다는 결과를 창출해야 하고, 가족 간의 시간보다는 온라인 수업에 더 열심히 참여해야 하고 미래를 이야기하기보다는 현재만이 존재하기에 갈 곳이 없어졌다.

바로 이런 것들이 아이들의 의식을 편집하게 되어 경쟁해야 하고 이겨야 하고, 외면해야 하고 강해야 인정받고 칭찬받고 존중받을 수 있다가 되어버렸다.

이처럼 부모가 아이의 성공과 성장을 위한 것이라고 믿는 것들의 일방적 선택에서 오는 오류로 인해 가해지는 아이들의 의식에 대한 편집은 얼마 지나지 않아 부모와 아이에게로 고스란히 되돌아오는 부메랑이 될 수 있다.

'Yes'의 소통 환경은 'No'의 사고와 행동을 감소시킨다

부모와 아이는 각각의 존재이면서 하나의 융합된 뗄 수 없는 또 하나의 존재다. 그렇다 보니 각각(엄마와 아빠) 부모의 문화가 아이에게 전달되어 나타난다. 전달 과정에서 아이는 또 다른 자기만의 문화를 만들어 살아가게 되는데, 아이가 만들어낸 새롭게 창조된 문화는 부모들에게는 좀 생소하게 느껴질 수 있다.

다만 이 다름을 부모가 틀리다고 주장할 때 아이는 자신의 주장이나 의견을 겉으로 드러내는 것을 회피하게 된다. 부모가 틀리다고 말하는 것은 아이들에게는 시험의 오답 노트처럼 아이 스스로를 위축되고 우유부단하게 만든다.

아이들은 부모가 틀리다고 말하는 것들에 대해 "아니에요. 좀 다른 것뿐이에요"라고 말하거나 다름을 증명할 명확한 증거를 제시하고 설명할 수 있는 자기표현 방식이 미숙하다. 아이가 자신의 결정과 표현에 대해 부모로부터 반복적으로 받은 'No'는 유사한 상황에서도 'No'가 될 가능성이 높을 것이라는 생각을 이끌어내 결국 시도조차 하려고 하지 않게 된다.

이런 결정으로 위축되고 우유부단해진 아이는 자기가 하고 싶은 것과 부모가 원하는 것 사이에서 갈등하게 되고 갈등이 깊어지면 깊어질수록 이중 사고와 이중 행동을 하게 된다. 아이가 한 것을 안 했다고 안 한 것을 했다고 또 다르게 설명하면 하지 말아야 할 것을 하게 되고 해야 할 것을 하지 못하게 만들기도 한다.

대부분의 부모는 아이의 행동 양식을 통해 이와 유사한 경험을 해보았을 것이고 자신의 어린 시절에도 비슷한 경험을 해보았을 것이다. 예를 들면 도서관 간다고 나와서 스케이트장 가고, 책 산다고 하고 떡볶이 사 먹고, 지각하면 버스가 늦게 왔다고 핑계를 대는 것처럼 말이다.

내가 중학교 때의 일이다. 습관처럼 시험 전의 불안을 해소하기 위해 만화책을 빌려와 부모님 모르게 보고는 했다. 그때는 시험 종류도 많아 월말 고사, 중간고사, 기말고사, 학년말 고사 등이 있었다. 그중 학년말 고사를 준비하던 때의 일이다.

들키면 혼이 날까 봐 부모님 주무시는 시간에 내 방 불을 *끄고* 두꺼운 이불을 뒤집어쓴 다음 초를 켜놓고 만화책을 몰래 보았다. 그런데 그만 솜이불에 불이 붙어버려 혼이 난 적이 있었다. 그 후 나는 만화책을 보지 않겠다고 부모님과 약속을 했다.

나의 이중 사고와 행동은 얼마 지나지 않아 다시 드러났다. 다음 학년으로 올라간 여름 학기말 시험 기간이었다. 예전에는 전화가 거실 한가운데 놓여 있었다. 만화책을 빌려올 수 없자 친구를 꾀어 시험공부 핑계로 만화책을 빌려 우리 집으로 오라고 전화를 하고 싶었다. 그런데 거실 한가운데 있는 전화로는 친구에게 내 생각을 전달하기가 불가능해 보였다.

나는 집 모퉁이에 있는 공중전화로 친구에게 전화하기로 마음을 먹고 밖으로 나가 공중전화 박스에서 막 수화기를 드는 순간, 8톤 트럭이 달려와 내가 있던 공중전화 박스를 밀어버렸다. 나는 전치 16주, 28군데 골절로 당분간은 시험을 보지 않아도 되게 되었다. 그리고 언제든 만화책을 자유롭게 볼 수 있는 권한을 얻었다. 그러나 그 후로 다시는 만화책을 보지 않았다.

나 스스로 부모님 말씀을 듣지 않아 받게 된 벌로 인식하게 되었다. 부모님은 물론이고 문병 온 친척이나 어른들이 내가 좀 호전되었을 때 이구동성으로 이렇게 말했다.

"멀쩡히 집에 있는 전화를 두고 왜 나가서 공중전화를 하니? 조심해야지."

걱정 담긴 그 목소리들을 들으며 나는 부모를 속인 벌을 받는다고 생각했다. 나의 의식은 만화책 때문이라는 핑계를 만들었고 만화책은 보면 안 되는 것으로 편집이 되었다.

　아이들이 자라는 동안 나의 편집된 의식은 고스란히 아이들에게 적용되었다. 만화책은 보면 안 되는 책에서 나쁜 책으로 강화되었고 아이들이 만화책을 보면 큰일이라도 일어날 것처럼 부모님이 했던 것보다 더 강하게 아이들을 야단치며 소란을 떨곤 했다.

　이처럼 부모가 아이를 위해 하는 것이라고 생각하고 행하는 많은 의식의 편집은 부정적인 강화를 하게 되어 부모가 생각하지 못하는 끝도 없는 상황을 불러일으킬 수 있다.

　내 아이이지만 나는 아니다. 나는 아니지만 나보다 더 잘 되기를 바라는 것이 부모인데도 부모가 잘 되기를 바라는 그 의도가 오히려 변형되거나 왜곡되어 내 아이에게 전달된다. 또한 그것을 받아들이게 되는 아이의 상황이나 성향에 따라 아이가 하고 싶은 것과 부모가 원하는 것 사이에서 오는 갈등으로 인한 의식의 이중 구조는 진실을 회피하고 우유부단해지거나 위축되어 이 사고와 행동의 원인을 제공하게 된다.

　부모와 아이의 늘 열려 있는 소통의 'Yes' 환경은 'No'의 사고와 행동을 감소시킨다. 부모와 아이의 소통을 가능하게 하려면 부모는 아이에게 빈틈을 만들어 감추지 말아야 한다. 그렇다고 방관해서도 안 된다. 빈틈을 보이고 방관을 하지 않으면 문제가 보이고 문제의 발견을 통해 해결의 실마리를 찾아가게 된다. 이 과정에서 부모는 아이를 수비하려 준비하지 말고 부모 자신 스스로를 수비하는 것이 우선되어야 한다.

Tip **부모인 나와 내 아이 상태 점검하기**

① 부모인 내가 알고 있는 내 아이의 이중 사고와 행동 양식에는 무엇이 있는가?

② 나는 "Yes"를 많이 하는 부모인가, "No"를 많이 하는 부모인가?

③ 내 아이의 성공이라는 이름으로 무엇을 주고 있는가?

④ 내 아이는 부모인 나에게 얼마나 자기의 이야기를 하고 있다고 생각하는가?

⑤ 정리한 내용(①~④를 바탕으로)을 통해 부모인 나 스스로는 어떤 수비가 필요한가?

실패를 되돌릴
믿음과 인내는 타이밍이다

실패를 되돌리는 기회

실패라는 단어를 떠올리면 대부분의 사람들이 감추려 하거나 부정적 감정들을 연합시키는 경우가 많다. 세상에 실패를 한 번도 해보지 않은 사람은 없다. 사회적으로 성공 좀 했다는 사람들의 실패담은 긍정적으로 받아들이는 반면 자신의 실패담은 늘 입 밖으로 꺼내는 것을 꺼린다. 혹여 자신의 입으로 이야기하는 경우는 '~때문에'라는 부정적 단서를 바탕으로 핑계를 만드는 경우가 많다.

아마도 그것은 실패를 디딤돌 삼아 다시 일어서는 것은 불가능하다고 여겨 성공한 사람들의 부류에서 자신을 소외시키는 습관적인 반응일 수 있다.

실패는 감사다. 성공 또한 감사다. 성공의 의미가 실패의 가치를 만들어내고 실패는 성공의 이유를 만들어내기 때문이다. 실패가 있는 성공은 그 가치를 더 귀하게 만드는 것으로 성공은 실패의 결과물이다.

큰아이가 고등학교 1학년, 작은아이가 중학교 1학년일 때의 일이다. 부모의 잦은 말다툼으로 아이들의 중심이 흐트러져 두 아이 모두 학교에 부적응을 보이는 상황의 연속이었다. 두 아이를 데리고 상담소와 정신과를 전전긍긍하고 있었다. 이 상황은 부부가 아이들의 문제의 원인이 된 것으로 서로 영향을 끼치며 가족 관계가 사면초가였다.

그렇게 얼마의 시간이 흐른 뒤 우리 부부는 아이들의 부적응적인 일상에 점점 익숙해져갔고, 되돌릴 수 있는 수단과 방법을 가리지 않고 찾으려던 처음의 간절함마저 희미해져갔다. 그때 아이를 지키고 되돌리기 위해 내가 선택한 것은 인간에 대한, 사람에 대한, 그리고 나에 대한 공부였다.

밤새워 공부하는 날이 하루 이틀이 아니었다. 지금 이 상황에 이르기까지 부모로서 내가 해왔던 역할을 정리하는 시간이었다. 그렇게 3년이라는 시간이 흘러갔고, 그사이 큰아이는 고등학교를 졸업했고 작은아이는 중학교를 졸업했다.

나는 내가 할 수 있는 것을 했고 아이들은 자신이 할 수 있는 것을 찾기 시작했다. 겉으로 보기에 크게 달라진 것은 없어 보여도 '~때문에'로 살아가던 부모와 아이들이 '무엇인가를 위해', '무엇인가의 덕'이라는 삶을 살아가기 시작했다.

부모인 나는 부모 역할에 대한 반복된 나 자신의 실패를 되돌려 지금까지와는 다른 부모의 역할이라는 기회를 선택해 성공의 의미를 재해석하고 있으며 우리 가족의 부모 역할은 아직도 현재 진행형이다.

부모의 역할에 있어 늘 성공하기란 불가능하다는 것을 우리 모두는 잘 알고 있다. 그런데도 우리는 성공한 부모의 상을 만들어내고 싶어 한다. 그래서 아이들이 성공한 부모를 만들어내는 열쇠를 쥐게 되었다. 아이들의 성공은 곧 부모로서의 성공을 의미한다. 우리 사회는 'A : 성공한 아이, B : 성공한 부모, A = B'라는 공식을 만들어버렸다.

아이러니하게도 성공한 부모는 성공한 아이를 만든다는 공식의 성립 확률은 그다지 높지 않다. 최근에는 금수저니 흙수저니 하는 용어의 확산으로 부모가 더 많이 조급하고 답답해한다. 이런 용어는 점점 확산되어 아이들 사회에서도 흔하게 들을 수 있게 되었다. 이 경향이 청소년기의 아이들에게 사회와 부모에 대한 반항을 조장하고 있음은 물론이고, "내가 금수저가 될 수 없는 이유는 부모가 금수저가 아니기 때문"이라는 이야기를 아이들의 입을 통해 듣기에 이르렀다.

부모는 아이가 성공하지 않아서 성공한 부모가 될 수 없고, 아이는 부모가 금수저가 아니어서 자신은 금수저가 될 수 없다. 그래서 성공할 수 없다고 이야기한다. 부모로서의 실패는 아이 탓이고 아이가 성공할 수 없는 이유는 부모 탓이 되었다. 이 말대로라면 아이도 부모도 절대 성공할 수 없다.

부모와 아이 모두 자신의 실패를 이야기할 수 있을 때 성공의 기회와 권한을 가지게 된다. 누군가 나의 성공과 실패의 방향을 좌지우지하는 리모컨을 가지고 있는 것이 아니라 내가 나의 주체가 되고 주인이 되어 움직이게 하는 자기 컨트롤 리모컨을 가지고 있을 때 부모도 아이도 동반 성장할 수 있게 된다.

성공의 기회도, 실패를 되돌릴 기회도 언제나 누구에게나 있다. 다만 그 기회를 잡는 것은 온전히 각 개인의 몫이다. 부모인 나를 성공한 부모로 만들어줄 기회는 내 아이에게 있는 것이 아니라 나에게 있다. 혹여 아직까지 실패의 과정이 이어진다고 생각하고 있는 부모라면 실패를 통한 깨달음을 통해 기회를 만들 수 있다. 지금 하고 있는 실패의 과정에 대한 리모컨을 되돌려 성공의 기회로 가는 터닝 포인트를 만들어야 한다.

어떤 사람들은 말한다. "평생에 중요한 기회가 몇 번 온다." 아니다. 기회는 매 순간 우리 스스로의 주변에 많다. 다만 그것을 잡을 것이냐, 즉 성공을 위한 터닝 포인트 기회로 만들 수 있느냐 없느냐 하는 것은 자신이 스스로의 주체가 되어 자기 컨트롤 리모컨을 손에 쥐는 기회를 찾아 잡을 것인가에 달려 있다.

실패의 핑계에서 벗어나 성공의 핑계를

"실패는 성공의 어머니"(에디슨), "너 자신을 알라"(소크라테스),

"승리는 가장 끈기 있는 자에게 돌아간다"(나폴레옹), "행동의 가치는 그 행동을 끝까지 이루는 데 있다"(칭기즈칸), "가는 말이 고와야 오는 말이 곱다"(속담), "콩 심은 데 콩 나고 팥 심은 데 팥 난다"(속담) 등의 말은 잘 알고 있을 것이다. 그런데 그냥 알고만 있다. 이처럼 알고만 있는 정보들이 너무 많아 죽기 전에 한 번이나 제대로 써먹을 수 있을지 모르겠다.

아이는 부모가 어떻게 바람을 잡아가는가에 따라 그 방향을 달리한다. 그런데 이처럼 많은 정보를 정작 현재 나의 삶에 적용해 끝까지 유지하고 그 효과를 검증할 수 있는 것들에 관해 이야기하라고 하면 부모는 모두 자신의 이야기보다 정보에 의존해 이야기하곤 한다.

타인의 삶 위에 있는 성공 또는 실패는 정보로서는 유용하나 부모인 나와 내 아이의 인생을 '때문에'의 삶에서 긍정적으로 전환시켜 '위해 사는 삶' 그리고 '덕분에 사는 감사의 삶'으로 만들기에는 현실성이 떨어진다.

내 아이가 부모인 나를 성공한 부모로 만들어줄 것이라 믿고 그러기 위해 내가 할 것들을 찾는 것은 계속 실패의 탑을 쌓고 나아가 실패를 되돌릴 수 있는 타이밍과 점점 더 멀어지는 방향으로 향하게 한다.

이때 우리에게 필요한 것은 아이의 성공을 위해 무엇인가를 아이에게 하려고 하고 해야 할 것들을 찾는 부모의 모습이 아니다. 나 스스로 부모로서 무엇을 실패하고 있고 무엇을 성공하고 있는지를 되돌아보는 것이 먼저다.

스스로를 되돌아보는 시간을 통해 부모인 우리에게 주어진 기회들을 볼 수 있으며 그 기회를 통해 자신의 실패를 성공으로 되돌릴 방법을 찾아 자신이 선택한 기회와 방법에 대한 믿음을 갖게 된다. 그리고 그 일이 한여름 어느 날의 소나기처럼 급작스럽게 일어나는 것이 아니라는 것을 알게 된다.

부모로서의 한결같은 자신에 대한 믿음을 통한 꾸준한 인내는 그동안 하지 못했던, 또는 할 수 없었던 것들을 해볼 수 있도록 해준다. 한번도 써먹지 못했던 정보를 정보 이상의 것으로 만들어내 아이에 부합하게 한다. 내 아이를 부모 역할의 성공을 위한 도구로 보지 말고 부모와 아이가 서로의 역할에 최선을 다하게 해 맞춤형 부모 역할을 찾아야 한다.

어른들은 아이들이 청소년기가 되어 보이는 일탈 행동을 '반항'이라고 말한다. 아이들은 반항이 아닌 응석을 부리고 있다. 자라는 동안 부모로부터 충분히 받지 못한 것에서 오는 아쉬움이 응석이 되어버린 것을 부모는 반항이라고 이야기하는 것일지도 모른다.

부모로서 내 아이가 태어나 지금까지 자라는 동안 해주고 싶었던 말, 내 아이에게 충분히 해주지 못한 것들에 대한 아쉬움이 있다면 지금이 바로 그것을 해볼 수 있는 다시 오지 못할지도 모르는 기회다.

사람은 누구나 자신이 충분하다고 느끼기 전까지는 아쉬움이라는 것을 남기게 된다. 이것을 다르게 표현하면 후회가 될 수도 있다. 내 아이에게 아쉬움으로 남아 있는 이것이 부모에게는 후회라는 단어로 남아 있을 수도 있다.

부모로서 나의 가장 큰 후회는 두 아이가 초등학교에 들어가기 한

참 전인 어린 시절에 아이를 아이로 보려 하지 않았다는 것이다. 알아서 잘 하는 아이들이기를 기대하고 그 기대를 채우기 위해 무엇인가 아이들이 해야 할 것들만 계속 제시했다.

엄마의 위로와 응원, 칭찬, 다정다감함과 충분히 겉으로 표현되는 사랑을 주는 것 대신 성공한 부모를 만드는 아이 플랜만 제시했던 것이다.

내 아이의 아쉬움을 채우고 부모인 나의 후회를 축소시킬 수 있는 것은 바로 부모 역할의 실패를 되돌려주는 해결의 실마리를 찾는 것이다. 그 실마리를 찾으려면 지금까지 부모인 나의 실패를 묵인하고 정보에만 의존하고 있었던 시간보다 더 많은 시간이 필요하다. 한 번이라는 단발성이 아니라 계속 그리고 한결같은 부모인 자신에 대한 믿음과 인내가 필요하다는 말이다.

믿음과 인내의 시간이 지난 뒤에는 아이와 부모 모두 자신이 주체가 되어 자기 컨트롤 리모컨을 손에 쥐어보자. '아이 때문에', '엄마 때문에', '아빠 때문에', '누군가 때문에'가 아니라 '실패 덕분'에 '성공 덕분'에라고 생각해보자. '아이를 위해'가 아니라 부모는 '아이와 나를 위해' 그리고 아이는 '부모와 나 그리고 또 다른 무엇인가를 위해'라는 새로운 생각과 그에 합당한 행동 양식을 학습하는 새로운 경험을 만나게 될 것이다. 지금 이 순간이 실패의 핑계에서 벗어나 성공의 핑계를 만들 기회를 잡을 때다.

Tip **나는 어떤 부모 역할을 하고 있는가?**

① 부모로서 내가 성공한 부분은 어떤 것인가?

② 부모로서 내가 실패한 부분은 어떤 것인가?

③ 부모인 내가 가지는 내 아이에 대한 믿음의 내용에는 무엇이 있는가?

④ 부모 스스로 가장 되돌리고 싶은 것은 무엇인가?

⑤ 지금 내가 하고 있는 부모 역할은 누구를 위해 하는 것인가?

⑥ 정리한 내용 중 맨 먼저 되돌려 성공의 핑계로 만들고 싶은 것은 무엇인가 생각해본다.

청소년기의 용암은
눈에 보이지 않을 수 있다

이미 문제가 생긴 것처럼 지금 집중하는 부모

아이들이 청소년기가 되면 그전과는 다르게 스스로 그 사회에 부합하도록 가면을 만들어 사용하는 것이 능숙해진다. 각 단계와 상황에 부합하는 적절한 역할의 가면을 사용하고 있다면 지극히 정상적이고 바람직한 성장의 진행이며 적응했다고 할 수 있다.

학생으로서의 역할, 가족 일원으로서 자신의 위치에 부합하는 역할, 또래들과의 상황에서 자신의 역할 등 다양한 관계 속에서 적절히 대처하는 역할들은 아이들 스스로의 자존감을 높임과 동시에 사회에 소속되어 있다는 소속감으로서 존재감 또한 높인다.

자신의 역할에 대한 구분은 아주 어린 시절 가정환경과 가족 안에서의 의사소통 방식에 따라 명확해지기도 하고 불분명해지기도 한다. 명확한 역할의 구분은 긍정적인 자기표현과 의사소통 능력을 성장시키는 반면 역할 구분이 불분명한 경우에는 부정적 자기표현을 만들고 아이 스스로의 자기 가치 저하로 의사소통 능력도 저하시킬 수 있다.

학교 현장에 강의를 나가면 일반 학생들을 대상으로 하는 교육, 학교에서 적응이 필요하거나 징계 위기에 놓인 학생들을 대상으로 하는 교육, 상위권 학생들을 대상으로 하는 강의 등으로 구분된다.

이런 구분은 외적으로 보이는 조건과 어른들의 기준에 의한 분류에 불과했다. 일반 학생들을 대상으로 하는 강의 현장에서 아이들은 분명히 강의 시간 내내 집중하는 것처럼 보였다. 그러나 자신의 의사 표현할 기회가 주어졌을 때, 강의 내용을 기억하지 못하는 것은 물론 질문 의도를 인지하지 못하는 아이들이 꽤 많았다.

이 아이들은 말한다.

"꿈이 없어요." "목표가 없어요." "그런 것은 할 수 없어요." "지금은 하고 싶은 게 없어요." "뭘 해야 하는지 모르겠어요."

이 아이들의 모습은 정말 자신들이 말하는 것처럼 의욕도 없고 수동적이고 표정도 건조할 때가 대부분이다. 이 아이들은 겉으로는 아무렇지 않은 것처럼 보인다. 그 안에 어떤 것이 있는지 도무지 가늠할 수 없는 것은 물론 자신에 대해 철통같은 보안을 갖추고 무엇을 물어도 "몰라요"로 일관하고 있다.

학교 부적응이니 징계 대상이니 하는 아이들을 대상으로 하는 강의 현장에서 아이들은 이렇게 말한다.

"오늘은 뭐해요?" "언제 끝나요?" "선생님은 뭐하실 거예요?"

자신들을 표현하는 데 적극적이고 원하는 것과 원하지 않는 것들에 대한 표현을 분명하게 하고 있어 상황에 대한 개입이 조금은 수월하다. 그러나 아이들은 자신을 표현하는 데 지나친 부분이 있어 외부로부터의 오해의 여지를 남긴다.

자신이 정말 원하는 것을 왜곡된 방식으로 표현하고 그러한 표현 양식은 주변으로부터의 부정적인 시선에 노출된다. 이처럼 왜곡된 표현 양식이 합리적이지도 않고 바람직하지도 않으며 외부로부터 수용될 수도 없음을 아이들도 이미 알고 있다. 아이들의 행동과 사고의 불일치에는 수치심과 자괴감, 자격지심과 열등의식 등의 감정으로 가득하다.

성적 상위 학생들을 대상으로 하는 강의 현장은 어땠을까? 아이들은 자부심보다는 자만과 불안의 위기감에 압도되어 있다. 이 아이들은 대부분 이렇게 말한다.

"시간이 없어요." "빨리 끝내주세요." "강사님이 전문가라면 더 빨리 더 큰 효과를 낼 수 있는 극단의 처방이 될 방법을 말해주세요."

아이들은 자신이 알고 있는 효과적 학습법에 대해 다른 친구들이 아는 것을 원치 않는 것은 물론 서로가 경쟁자라는 강한 경쟁의식에 몰입되어 누군가 강의 내용 중 놓친 것에 대해 질문이라도 해오면 강한 거부감을 표시한다.

'나만 알면 된다'는 지나친 경쟁심은 아이들에게 선의의 경쟁이라는 것은 없으며 나와 같은 조건으로, 같은 이유로 이곳에 있는 아이들은 적이고 나만 알면 되고 나만 이기면 되고 나만 인정받으면 된다는 이기적인 사고와 가치를 형성하고 있었다. 이런 이기적 사고나 행위가 또래 사이에서만이 아닌 가족 관계, 주변인 등의 관계 전반에 일반화되어 소통하는 데 큰 장애가 되고 있다.

부모는 내 아이의 문제가 보이지 않는 상황을 문제가 없는 상황이라고 생각할 수 있고, 문제가 확연히 드러나 있는 상황에서는 적절한 개입의 방법을 모르고 있다. 모범생의 기준을 성적이라고 생각하는 부모 입장에서는 성적과 적응을 하나의 단어로 동일시하고 있어 또 다른 문제 발생의 여지가 없을 것이라 판단하고 있을 수 있다.

아이들이 가지고 있는 문제의 노출이 언제 어떤 형태로 부모의 뒤통수를 치게 될지 우리 부모들은 예측할 수 없다. 아이들의 성장 과정에서 다양하게 나타나게 될 장애 요소들에는 전조 증상이 있다. 부모가 아이들을 통해 보게 될 변화의 전조에 깊은 관심을 가지고 이미 문제가 생긴 것처럼 지금 집중해 부모가 할 수 있는 것들을 해야 한다.

용암의 원천은 부모의 마그마

아이는 부모가 먼저 자신에게 친근하게 다가와 주기를 바라고, 부모는 아이가 먼저 행동을 취해주기 바라고 있을 수 있다. 부모와 아이 모두가 이 '먼저'를 기다리는 동안 서로는 어느새 아무것도 해볼 수 없을 만큼 현재 위치에서 멀리 가버릴 수 있다. 부모와 자녀 사이가 돌아올 수 없을 만큼 멀어진다는 말이다.

큰 병일수록, 생존의 위협이 되는 병일수록 눈에 잘 드러나지 않는다. 그 병이 눈에 보일 때는 걷잡을 수 없을 정도를 곪아 있을 때다.

눈에 보이지 않는 큰 병의 위험을 방지하기 위해 정기 건강 검진을 받고 건강 관리를 하는 것처럼 우리 아이에게도 이런 건강 검진과 건강 관리가 필요하다. 건강 검진과 건강 관리는 미리 하는 것이 관건이다. 내 아이에 대한 검진과 관리는 언제나 미리 해야 함을 누구나 알고 있지만 눈앞에 닥치기 전까지는 알아차리지 못한다.

오래전 한 고등학생을 코칭할 때의 일이다. 아이는 준수한 외모의 얌전한 학생이었다. 어느 정도 코칭이 진행되었을 때 내가 이런 질문을 한 적이 있었다.

"세상에 어떤 제제도 없고 네가 할 수 있는 것, 원하는 것은 무엇이든 할 수 있다면 무엇을 할래?"

그러자 학생은 되물었다.

"벌도 안 받고 뭐든지 내 마음대로요?"

"그래."

"미워하고 싫어하는 모든 사람을 죽여도 벌을 받지 않는 거요."

아무렇지 않게 생활하는 학생의 입에서 나온 말이다. 비단 한 아이만의 특별한 경우라고 말할 수는 없다. 이 아이의 모습이 내 아이의 내

면에 있는 상처 또는 문제의 전조가 될 수도 있기 때문이다.

이 학생의 다음 말은 부모로서 미안한 생각이 들어 고개를 숙이게 했다. 내가 왜 그것이 하고 싶은지 묻자 학생의 대답은 이랬다.

"우리 엄마와 아빠는 서로가 죽도록 미워하고 아이도 미워해요. 부모가 힘들면 아빠는 아빠대로, 엄마는 엄마대로 화풀이를 저한테 해요. 아빠는 엄마 욕을, 엄마는 아빠 욕을 저한테 해요. 전 그렇게 나쁜 사람들 사이에서 태어난 아이이니 얼마나 나쁜 놈이 되겠어요? 그래서 언젠가 제가 무서운 괴물이 될지도 모른다는 생각을 하게 되고 그런 꿈도 꾸어요.

사실 제가 죽이고 싶은 건 저예요. 이런 말을 하면 자살 충동이라고 할 것 같지만, 전 죽고 싶지 않아요. 엄마와 아빠가 말하는 단점만 가진 어른이 되면 괴물같이 될까 봐 괴물이 된 나를 차라리 죽이고 싶다는 거예요."

부모는 자신이 괴물이 되어 있음을 알지 못하고 있었다. 그것이 내 아이의 성장에 어떤 영향을 끼치는지조차 알지 못하고 있는 것이다. 아이는 자신이 괴물이 되는 것, 아이에게 비추어지는 어른의 모습처럼 되는 것이 두려워 그런 어른의 모습을 괴물이라고 말하고 있고 괴물이 된 어른이 되기보다 차라리 죽고 싶다는 표현을 했다.

나도 괴물로 보이는 내 모습을 알지 못했다. 그래서 아이들이 고통받고 있고 보이지 않는 마음의 큰 질병을 앓고 있다는 것을 몰랐다.

보이는 것에 대해 개입하고 다스리고 치유하는 것은 좀 더 수월하다. 하지만 이처럼 보이지 않는, 아이들의 가슴에서 끓고 있는 용암의 원천에는 부모의 마그마가 원인인 경우가 의외로 많다.

부모의 크고 작은 언행은 마그마가 되어 아이들의 작은 틈새로 파고들어 용암을 만들고 언젠가는 분출해 화산이 되어 폭발하게 만들고 말 것이다. 부모가 자신이 만들고 있는 마그마를 통제해야 내 아이들에게 흘러 들어가는 용암을 막을 수 있다.

𝒯𝒾𝓅 부모의 마그마와 아이의 용암이 만나는 곳은 어디인가?

① 부모인 내가 가진 마그마에는 무엇이 들어 있는가?

② 부모인 자신의 무엇이 바뀌면 내 아이의 용암을 막을 수 있는가?

③ 내 아이의 미래를 위해 지금 하고 있는 것 중 버려야 할 것은 무엇인가?

④ 부모로서 내면에 키우고 있는 괴물이 있는가?

⑤ 내 모습 속에 있는 괴물은 내 아이를 어떻게 대하는가?

⑥ 나의 괴물이 사라졌다는 것을 내 아이는 나의 무엇을 보고 알 수 있는지 생각해본다.

5장

How to ③

아이의
기적을 일으키는
부모 공부

스스로 선택하도록
믿고 맡겨라

부모인 당신은 누구를 위한 선택을 하고 있는가?

최근 부모가 소심해진 것인지 아니면 시야가 좁아진 것인지는 알 수 없으나 아이와 부모 자신이 가지고 있는 미래 계획에 대해 소극적으로 변화한 듯 보인다.

영유아기 자녀를 둔 부모의 목표는 좋은 초등학교 보내기, 초등학생 자녀를 둔 부모의 목표는 좋은 중학교 보내기, 중학생 자녀를 둔 부모의 목표는 좋은 고등학교 보내기, 고등학생 자녀를 둔 부모의 목표는 좋은 대학 보내기 그리고 좋은 회사 취직시키기라는 소극적이고 협소한 의미의 계획을 가지고 살아간다.

사람은 좋은 유치원에 가고 좋은 중학교에 가고 좋은 고등학교에 가고 좋은 대학교에 가고, 좋은 회사에 취직하기 위해 이 세상에 태어난 것은 아닐 것이다. 이것은 사람이 태어나 자라는 시간 동안 거치게 되는 과정 중 하나이지 목표로 삼고 살아가기에는 앞으로 살아가야 할 미래가 길다. 이것은 부모에게도 다르지 않다.

코앞의 목표라고 생각한 것들에 막혀 의무와 권리를 망각하고 살아가게 되었다. 사람은 누구나 자신의 삶을 행복하게 살아갈 권리, 가족과 더불어 충분히 교감하고 소통할 권리, 한 인간으로서 자신의 미래에 대한 포부를 가지고 모험을 해볼 수 있는 권리, 누군가에게 의미 있고 가치 있는 긍정적 영향을 끼칠 의무가 있음에도 불구하고 그냥 가기만 한다.

왜 그것을 해야 하는지, 그것이 스스로에게 어떤 의미가 있고 미래의 자신의 삶에 얼마나 많은 가치 있는 교훈을 남기게 될 수 있을지에 대한 인간 본연의 감정과 사고를 갖고 그에 따르는 행위에 대해 생각할 필요도 틈도 가질 여지를 남기지 않는다.

부모의 선택도 아이의 선택도 아닌 세상이라는 것이 말하고 있는 것에 도취되고 타인의 선택에 종속되어 그냥 그렇게 한다. 그 선택에는 부모도 없고 내 아이도 없다. 오로지 세상의 눈만 있다. 세상의 기준만 있다.

세상의 눈, 세상의 기준은 우리가 흔히 말하는 '트렌드'라는 것과 같으며, 속은 없고 겉만 보인다. 그러고는 알게 모르게 '훅' 하고 사라질 것들이 대부분이다. 그런데도 부모와 자녀의 의미까지도 트렌드라는 것을 따라가고 한 인간의 의식에 커다란 영향을 끼치는 가치관마저 트렌드가 된 것은 물론 교육의 방향도 그 트렌드라는 것을 따라 휘청거리고 변하게 된다.

그래도 부모는 "그것이 맞다"고 이야기한다. 무엇이 맞는 것인지는 정확히 알 수 없으나 누구도 예측할 수 없는 모든 상황을 "맞다"고 한다. 부모 자신과 내 아이의 믿음과 신념이 아닌 트렌드를 맞다고 믿는 것이다.

지금 현재의 변화만이 100% 맞고 옳은 것이라면 지금까지 살아온 모든 생명체는 물론 현재 부모로 살아가고 있고 또 살아온 사람들은 모두 틀린 삶을 살아왔다고 치부될 수도 있다.

아주 많은 가능성과 잠재된 역량을 가지고 있는 내 아이가 부모가 말하는 트렌드라는 것에 갇혀 오도 가도 못하는 것은 물론 부모는 그것의 정체를 다 알기도 전에 또 다른 트렌드에 시선을 빼앗겨 지금까지 자신이 살아온 삶을 송두리째 틀렸다고 해야 할지도 모른다.

부모는 자녀가 좋은 유치원, 좋은 초등학교, 좋은 중학교, 좋은 고등학교를 찾고 좋은 대학교에 진학하고 좋은 회사에 취직하기를 바라는 것이 무엇 때문인지 깊이 생각해야 한다. 부모가 관심을 기울이고 집중해야 할 점은 부모 스스로가 아이를 위해 하고 있는 선택과 행위에 대한 의도가 무엇인가와 그것이 누구를 위해, 누구에 의해, 누가 원해서인가에 대한 구분을 명확히 하는 것이다.

부모와 아이 모두의 권리와 의무도 잃으면서 세상의 눈과 세상의 기준에 의존해 트렌드를 따라가는 행위는, 내 아이가 잘 되기를 바라고 성공하기를 바라고 행복하기를 바라는 부모의 아이에 대한 사랑과 불확실한 미래에 대한 염려라는 깊은 의도를 충족시키고자 하는 욕구에서 비롯된다.

부모가 경험하는 세상의 기준과 트렌드를 부모 자신의 가치로 오인해 아이의 인생을 여기에 끼워 맞추는 '억지춘향'식 선택과 결정에서 자유로워져야 내 아이에 대한 믿음을 키워나갈 수 있으며 그 믿음은 부모인 내가 내 아이에게 바라는 것들에 대한 진정한 의도를 알게 한다.

진정한 의도는 내 아이의 삶에 의미 있는 것들의 필요 목록과 그것에 대한 가치 그리고 아이의 잠재 가능성 발현에 동기를 부여하게 된다. 부모가 세상을 넓게 보고 내 아이를 깊게 볼 때 세상에 보이지 않던 것을 보게 되고 내 아이에게서 보지 못했던 것을 보게 된다.

앞만 보고 달려가는 부모는 뒤에 넘어져 있는 상처 난 내 아이를 볼 수 없다는 것을 알아야 한다.

믿음의 일관성

부모들은 자신이 부모로서 아이에게 얼마나 강한 믿음을 주고 있는지 스스로 점검해봐야 한다. 내 아이가 어떤 상황에서도 "나의 부모는 100% 나를 믿어!"라고 이야기한다면 이것은 부모로서 엄청난 감동일 것이다. 이것을 다른 방향으로 생각해보자. 부모가 이처럼 자신을 강하게 믿고 있다는 믿음이 있는 아이는 어떤 행동을 하게 될까?

부모가 자신을 믿는다는 그 믿음에 부합하기 위해 그럴 수밖에 없는 행동을 선택하게 될 가능성이 높다.

내 아이가 부모인 나에 대한 신뢰와 믿음이 100%라면 부모 또한 내 아이의 믿음에 부합하는 행위를 더 많이 선택하게 될 가능성이 높아질 것이다. 그렇다면 이 믿음이라는 것은 일방통행이라기보다는 양방향, 즉 상호 깊은 연계성을 가지는 것임을 알 수 있다.

믿음이 조건화되기 시작하면서 부모와 아이 관계의 질이 훼손되기 시작한다. 훼손의 일반적인 경우를 보자. 부모가 아이에게 말한다.

"엄마는 널 믿어!" "아빠는 널 믿어!"

한 번 그리고 두 번 이야기한다. 그 뒤에 따라오는 것이 있다.

"다만 네가 이렇게 또는 저렇게 해야만 믿어!"

조건이 달리기 시작한 것이다. 아이는 속으로 이렇게 말한다.

'믿는다며, 내가 어떤 경우에도.'

그리고 아이도 조건을 단다.

"나를 믿어주면 이렇게 저렇게 할 거야!"

부모와 아이는 서로를 향해 이야기하고 있다. 부모는 아이에게 "네가 믿게 해야 믿지"라고 하고, 아이는 부모에게 "믿어줘야 믿는 행동을 하지"라고 한다. 서로가 서로에게 믿음을 깨뜨리는 원인은 상대방이라고 지적하는 것이다. 이것은 "닭이 먼저냐, 달걀이 먼저냐?"와 같이 영원히 끝나지 않는 문제로 남을 것이다. 이 문제는 다음 세대 또 다음 세대까지도 그 끝을 예측할 수 없다.

부모가 먼저 내 아이에게 믿음을 주는 부모가 될 때 아이도 부모와의 관계에서 믿음을 배우게 된다. 믿음은 아주 사소하고 작은 것에서 부터 시작된다. 사소하고 작은 것부터 쌓이게 되는 이 믿음은 아주 단단하고 견고하게 쌓여 부모도 아이도 서로를 지탱하는 커다란 기둥으로 자라게 된다.

아이를 장난으로 또는 농담으로 키울 수 없다. 부모라고 해서 아이와의 약속 중 깨뜨려도 되는 약속이란 없다. 지키지 않아도 되는 책임감은 없다. 하지 않아도 되는 사랑은 없다. 아이에게 부모는 진실해야 하고, 약속을 지켜야 하고, 부모로서의 책임과 의무를 다해야 하며, 내 아이의 어떤 모습도 사랑할 수 있어야 한다.

부모에게 내 아이는 잘난 아이가 아니어도 된다. 똑똑한 아이가 아니어도 된다. 착한 아이가 아니어도 된다. 건강한 아이가 아니어도 된다. 부모를 재미있게 해주는 아이가 아니어도 된다. 좀 덜렁대도 된다. 소극적이어도 된다. 몸이 약해도 된다. 못생겨도 된다. 엉뚱해도 된다. 그 아이가 내 아이라는 것, 그것 하나만으로 믿는 것이다. 그것 하나만으로도 충분히 사랑하는 것이다.

아이가 잘나야 믿고 똑똑해야 믿고 착해야 믿고, 재미를 주어야 믿고 적극적이고 꼼꼼하고 건강해야 내 아이인 것은 아니다. 그냥 내 곁에서 나를 엄마라고 아빠라고 불러주는 그 아이가 내 아이다. 바로 이런 나를 부모라고 믿는 내 아이이기에 믿어야 하고 믿는 것이다.

이 믿음이 쌓이려면 시간이 걸린다. 신뢰는 하루아침에 이뤄지지 않는다. 부모의 일관된 믿음과 신뢰가 아이의 마음속에 쌓이는 데는 매우 오랜 시간이 걸린다. 믿음에는 기다림이라는 것이 함께한다. 기다림 없이는 쌓일 수 없고 그렇게 쌓여야만 서로를 지탱해주는 기둥으로 굳건하게 버틸 수 있다.

부모가 아주 사소하고 작은 믿음조차 지키고 쌓을 수 없다면 큰 믿음은 기대할 수 없다. 부모 스스로가 부모로서의 자신을 믿고 행동하는 것만큼 아이를 믿을 수 있는 믿음의 크기를 만들 수 있으며 아이에 대한 믿음의 크기만큼 아이가 부모에게 가지는 믿음의 크기가 자란다. 아이가 부모에게 가지는 믿음의 크기는 아이가 부모에게 주는 믿음과 신뢰의 크기라 할 것이다.

다시 말하면 부모인 내가 내 아이를 믿을 수 없다고 생각한다면 내가 내 아이를 믿을 수 없는 그 크기와 양만큼 부모인 내가 아이에게 부모로서의 믿음을 주지 못하고 있다는 것을 의미한다.

내 아이도 부모인 나를 믿지 못하고 있다. 부모가 아이를 믿지 못하는 크기와 양만큼 서로 간의 믿음을 잃어가고 여기서 그치는 것이 아니라 의심을 만들어간다. 이 의심은 부모가 내 아이의 현재 잠재 가능성과 미래에 계발될 수 있는 가능성까지 의심하게 만든다.

'내 아이가 그게 되겠어?' 또는 '말이 돼, 불가능할 거야!' 등 마음속 의심의 소리를 계속 만들어 더 많은 믿음을 깨뜨리게 된다.

아이는 부모에 대한 의심을 만들어 '안 되겠지!' 또는 '안 될 거야, 내 주제에 뭘 하겠어!' 등 마음속 의심의 소리를 만들어 믿음을 깨뜨리고 반복되는 좌절과 자괴의 경험으로 스스로에 대한 믿음조차 키울 수 없게 된다.

부모가 가지는 내 아이에 대한 믿음의 크기가 크면 클수록 아이 스스로 더 많은 가능성을 드러내는 것에 자신감을 가지고 적극 표현한다. 자신이 가지고 있는 생각이나 감정에 대한 표현 능력도 성숙해진다.

아이가 가지는 부모에 대한 믿음의 크기는 자신의 존재에 대한 소중함과 부모의 믿음에 부응하고자 하는 열정과 동기를 불러와 자신의 선택과 결정에 대한 책임은 물론 스스로를 통제하고 조절하는 역량 또한 강화되어 자신에 대한 강하고 굳은 믿음을 가지게 된다.

부모가 아이에 대한 강한 믿음을 쌓아 아이 스스로 자신에 대한 강한 믿음을 키울 수 있도록 해 아이가 선택하는 것이 부모에게도 믿음이 되고 아이에게도 믿음이 되도록 하는 것은 부모와 아이의 관계를 개선하고 아이의 미래에 대한 불안과 두려움을 희망과 기대로 만들게 한다.

지금 내 아이에 대해 의심하고 있는 부모라면 아주 작은 믿음의 실현을 통해 믿음을 주는 부모의 역할에 더 많은 시간과 관심을 가지는 것이 바람직하다. 그럼으로써 지금보다 더 행복하고 희망적인 아이의 삶을 만들어가게 될 것이다. 아이에게 믿음을 주는 부모는 어떤 상황이 되어도 어떤 변화와 위기에서도 아이가 자신을 지탱하는 에너지를 발휘할 수 있다.

Tip **부모로서 내 아이에게 가지고 있는 믿음은 무엇인가?**

① 부모인 나는 내 아이를 얼마나 믿고 있는가?

② 내 아이는 부모인 나를 얼마나 믿고 있다고 생각하는가?

③ 내 아이를 믿지 못하게 하는 의심의 내용에는 무엇이 있는가?

④ 내 아이가 부모에 대한 믿음 대신 갖고 있는 의심의 내용은 무엇인가?

⑤ 부모인 내가 내 아이에게 일관되게 주고 있는 믿음의 내용은 무엇인가?

⑥ 내 아이를 믿어야 하는 이유를 20개 이상 적어보자.

아이의 성장은 20살에
멈추지 않는다

부모의 왜곡된 사랑은 사슬과도 같다

최근 부모들은 내 아이가 20대까지만 살 것처럼 20년 플랜을 세워놓고 그것에 맞추느라 전전긍긍하고 있다. 지금은 아이이지만 영원히 아이로만 남을 수 없다는 것을 다 알고 있는데도 그 이후의 삶의 질은 플랜에 반영되어 있지 않은 듯하다.

그래서 그런 걸까? 20대 이후 30대 그리고 40대가 되어도 아직 어른이 되지 못하고 있는 '어른아이'를 주변에서 흔히 접하게 된다. 이것은 비단 어느 일부분에서 볼 수 있는 소수의 경우가 아니라 사회 전반의 현상이기도 하다. 청소년을 훌쩍 넘어 스스로 자립할 나이에 다시 자신의 진로를 찾기 위해 고민하는 것은 물론이고 아예 진로라는 것을 찾는 데 대한 의미마저 무색해진 사람들도 허다하다.

부모의 아이에 대한 끝없는 열정이 아이의 시야를 가려 자신이 누구인지, 무엇을 해야 하는지, 무엇을 하고 싶은지, 왜 해야 하는지 등에 대해 아무것도 생각할 수 없는 신인조인간을 만들고 말았다.

신인조인간이 된 '어른아이'들은 감정과 정서에는 무뎌져 있고 부모에게 모든 것을 의존해 하나에서 열까지 모든 것을 부모에게 의탁하고 있다. 자의인지 타의인지는 알 수 없으나 당연한 것처럼 여기는 것이 대부분의 부모다.

20대까지의 플랜은 빡빡하게 짜여 있는 데 반해 그 후에 대한 것은 아무것도 없다. 20대까지만 계획대로 잘 이뤄진다면 그 후의 삶의 질이 보장되어 있기라도 한 듯 딱 거기까지만이다. '어른아이'들의 보편 특징은 태어나서 20대까지의 삶이 부모에 의한, 부모가 원한 그리고 부모가 정한 틀 안에 갇힌다는 것이다. 그래서 이들은 자라지 않는 사람으로 멈추어버렸다.

20대가 지난 어느 시기가 되면 부모는 이제 아이 스스로도 무엇인가 헤쳐나갈 수 있을 거라고 생각하게 된다. 하지만 그렇지 않다. 한자리에 너무 오랜 기간 사슬에 묶였던 코끼리는 그 사슬을 풀어놓아도 그 자리를 떠나지 못한다고 한다. 사슬이 없어도 조련사가 움직이라는 대로 움직이고, 묶였던 자리로 돌아가 사슬에 묶여 있던 그때와 같이 행동한다. 자신이 사슬에 묶인 것으로 알고 그곳을 벗어나려고도 벗어나지도 못하게 된다는 것이다. 그처럼 강한 힘을 가지고 정글을 누비던 거대한 코끼리도 넓은 정글을 누비며 살아갈 수 없게 되어버린다.

세상의 많은 부모가 사랑이라는 이름의 쇠사슬로 내 아이의 자주의식과 자립할 수 있도록 성장하는 시간을 묶어놓은 20대까지의 삶은 이제 부모로부터의 플랜을 전달 받거나 방향이 설정되지 않으면 늘 그곳에서 벗어나지 못하는 어른아이를 만들어버린다.

서커스단의 코끼리가 정글로 돌아갈 수 있게 되어도 어디로 가서 어떤 무리에 속해야 할지, 무엇을 하며 사는 것이 코끼리 본연의 삶인지를 찾아내는 데까지는 오랜 시간이 걸릴 것이다. 만약 적응 방법을 찾지 못한다면 진정한 코끼리 본연의 삶을 영원히 경험하지 못하게 될 수도 있다.

내 아이도 마찬가지다. 20대까지의 삶에서 부모로부터 묶였던 사랑이라는 이름의 사슬에서 어느 날 갑자기 자유로워진다고 해도 긴 시간 동안 부모에 의한 사랑이라는 사슬에 익숙해졌기에 경험해보지 않았던 새로운 도전과 모험을 하는 데 무리가 따른다. 새로운 방향을 정하고 부모가 아닌 또 다른 사회에 소속되고 적응하는 일도 쉽지 않다.

코끼리의 이야기에서처럼 앞으로의 자신의 삶에 적응하느냐 그렇지 못하느냐에 따라 자주적이고 주도적인 사람이 될 수 있느냐가 정해진다. 조금은 시간이 걸릴 수 있겠으나 새로운 삶의 방향을 설정하고 나름의 주도성을 가지고 자신의 가능성을 찾아 부단히 노력해 시도하고 새로운 시도를 통한 경험을 바탕으로 의존을 벗어나 자립하는 데 도전해야 한다.

이와 관련된 여러 사례를 찾을 수 있다. 취직해 잘 다니던 직장을 그만두고 자신이 원하는 또는 하고 싶었던 것들을 과감히 시도하는 사람들, 좋은 대학에 우수한 성적으로 입학했으나 자신이 원하는 전공을 찾아 편입하거나 학업을 포기하고 자신만의 브랜드를 만들어가는 사람들, 누구에 의해서가 아닌 스스로 자신이 경험하고자 하는 삶의 플랜을 만들고 지금까지 살아온 삶의 패턴을 재구성해 살아가는 사람들 등이 있다.

그렇지 않은 경우도 많다. 부모의 사랑의 사슬에 안주해 미동도 하지 않은 채 어른아이로 남아 신인조인간으로 살아갈 수도 있다. 이렇게 살아가는 삶의 주된 특징으로 의존적이고 자신의 삶에 의미를 가지지 못하며 스스로의 존재 가치를 폄하하거나 강한 열등의식을 지니고 자신의 결정과 선택에 대한 책임을 지지 않는 것 등을 들 수 있다. 그리고 주변인들과의 관계에서 소외된 은둔형, 고립형 생활 양식을 보이는 경우가 많다.

30대, 40대가 되어도 무엇을 해야 하는지조차 알 수 없어 방황하는 사람들, 분명한 직업을 가지고 있는데도 자신이 하고 있는 일에 대해 만족도가 떨어지는 사람들, 부모로부터 지시가 없는 한 아무것도 할 수 없는 사람들, 자신의 삶을 영원히 부모가 책임져줄 것이라 믿고 의존하는 사람들 등이 있을 수 있다.

지금 내 아이를 사랑이라는 이름의 사슬에 묶어두고 있다면 나는 내 아이를 신인조인간을 만드는 부모다. 내 아이의 의식이 성장하는 것을 영원히 차단하고 있는 부모다. 내 아이와 나에게 필요한 플랜은

20년 플랜이 아니라 언제일지 모르는, 죽기 전까지 아니 죽은 후에도 남을 수 있는 장기 플랜이다. 아이가 자신이 살아갈 세상이라는 정글에서 살아남을 수 있도록 하는 플랜이어야 한다. 부모는 영원히 내 아이의 보호자로 살아갈 수 없기 때문이다.

내 아이의 성장은 부모의 위임으로부터 시작된다

사람은 태어나면서부터 배워나간다. 학습은 인간의 생존에 가장 큰 영향을 끼친다. 학습은 성장을 위한 필수 조건으로 학습 과정이 곧 경험이 되고 경험은 자기만의 삶의 정보로 남아 존재를 영위하고 성장시켜나가게 된다. 학습의 범위는 무궁무진하다. 학습이 내 아이의 정보로 남아 패턴으로 인지되려면 단계별 위임이 필요하다. 위임은 허용과 수용을 포함한다.

아이가 자라면서 "뜨거워"라는 단어만 접하고 직접 뜨거움에 대한 온도를 경험해보지 못하면 뜨거움에 대한 자신만의 경험을 가지지 못하게 된다. 뜨거운 물체 근처에 있거나 만지려고 할 때 뜨겁다는 온도를 경험해본 아이는 만지려고 하다가도 '위험하고 만지면 안 된다'는 정보를 통해 뜨거운 물체에서 멀어지는 패턴(행위)을 선택하게 된다.

이처럼 유익이 되는 것과 그렇지 않은 것들을 구분할 수 있는 정보 제공을 통해 패턴이 인지되기까지는 부모에 의한 아이 발달에 부합하는 적절한 위임을 거쳐야 한다.

유치원에 다니는 아이가 도시락 대신 아직도 젖병을 들고 간다면 어떤가? 이것은 학습 과정에서 정확한 정보 제공이 누락되어 사회 적응에 필요한 패턴이 인지되지 못한 경우다. 따라서 부모는 아이의 성장에 부합하는 적절한 학습 환경을 제공하고 자신만의 패턴으로 만들어 갈 수 있도록 위임해야 한다. 이 위임을 다른 말로 표현하면 '지켜보는 것'으로 '관조'와 같은 맥락이다.

부모는 아이에게 정리 정돈하는 방법을 제공한다. 아이는 그 방법을 모방하는 것으로 학습이 시작된다. 부모나 주변 환경으로부터 모방된 학습 내용은 시간이 지나면서 능숙해진다. 아이는 효과적인 자기만의 방법을 찾아 패턴을 만든다. 이 과정에 부모가 자신이 제공한 학습의 내용 즉 순서, 위치, 동선 등을 지나치게 강요하면 아이가 만들어낸 새로운 패턴은 틀린 것이 된다. 그것이 반복되면 아이는 점점 자신의 행위에 대해 확신을 잃게 된다.

아이는 자신의 선택에 대한 확신의 기회가 줄어드는 것만큼 그 단계에서의 성장이 이뤄지지 않는다. 성장의 정체는 부모에 대한 의존을 강화시키는 것은 물론 자신의 사고와 행위에 관한 책임을 회피하게 만들 수 있다.

부모는 아이와 동반 성장한다. 아이가 자라는 시간만큼 부모도 자라는 것이다. 부모가 아이에게 자신이 무엇인가를 위임한다는 것은 내 아이가 성장하고 있음을 그리고 부모인 나도 부모로서 성장하고 있다는 것을 의미한다. 내 아이가 성인이 되었다는 것은 이제 부모인 나도 성인으로 성장했다는 것이다.

위임의 의미를 아이의 모든 결정과 선택에 100% 동의한다거나 아이 마음대로 하게 놓아두는 방임과 같은 뜻으로 해석해서는 안 된다. 앞서 말한 것처럼 부모가 아이에게 위임할 때는 유치원생에게는 유치원생으로서 결정하고 선택하고 책임질 수 있는 범위 내에서 해야 하고 초등학생, 중학생, 고등학생, 청년이 되면 각각 그 성장 단계 범위 내에서 하는 것이 바람직하다.

내 아이의 성장 단계에 부합하는 위임을 통해 부모는 아이와 함께 성장한다. 아이가 성인이 되었다는 것은 부모라는 한계를 넘어 어떤 때는 친구, 연인, 선배, 동반자 등의 좀 더 폭넓은 관계로 그 역할의 범위에 융통성을 가지게 됨을 뜻한다.

언제까지나 부모 역할이라는 한계를 짓는 아이와의 관계는 아이도 부모도 어느 한 지점에서 성장을 멈추게 한다. 내 아이가 성인이 되었다는 것은 부모인 나도 이제는 부모로서 성인이 되었음을 의미한다.

그런데도 아이의 결정에 제재를 가하고 있고 무엇인가 늘 방향을 제시하고자 한다면 지금 부모인 나는 어느 시점에서부터 성장이 멈추어 있는 것은 아닌지 점검해보자.

아이가 성인이 되었는데도 스스로 선택하거나 결정하는 데 미숙하고 부모에게 의존하거나 스스로의 행위에 대한 책임을 회피하려 한다면 아이도 어느 시점에서부터인가 성장이 멈춘 것이다.

부모가 아이에게 제공하는 적절한 시기의 적절한 범위에서의 위임은 아이가 성장하는 데 필연적이며 자주적이고 책임감 있는 성인 사회로의 준비를 갖추게 하는 것이다. 부모가 아이에게 주는 위임은 아이의 긍정적 성장의 기반이 된다. 자주적이고 자신의 상황과 미래의 변화에 대해 자신감을 가지고 적극 대처하는 역량을 키워나가는 원동력이 된다.

다만 부모가 아이의 성장을 위해 위임을 하기까지 부모로서 많은 인내와 아이에 대한 일관된 믿음, 부모 자신에 대한 강한 믿음이 바탕이 되어야 한다. 한 사람이 성인으로 성장하기까지의 시간은 의외로 길지만은 않다. 부모인 우리가 잠시 딴청을 피우고 있을 때 이미 그 시간은 사라지고 "그럴걸!"이라는 후회를 남길지도 모른다.

아이는 부모의 성장을 기다려주지 않는다. 그러나 부모는 아이의 성장을 기다리지 않으면 안 된다. 그 기다림이 부모에게는 지루할 수도 있고 어떤 때는 조급해질 수도 있다. 부모와 아이의 성장에 필요한 시간은 늦추고 싶다고 늦춰지지도 당기고 싶다고 당겨지지도 않는다.

혹여 모르고 있었다면 또는 잊고 있었다면 지금 이 순간부터 "위임을 할걸!"에서 "위임을 하겠어!"라는 부모로서 내 아이를 위한 새로운 시도를 할 수 있어야 한다.

Tip 아이에게 주는 믿음의 방법

① 나는 지금 얼마나 성장한 부모의 모습을 하고 있는가?

② 내 아이에게 얼마나 위임을 하고 있는가?

③ 내 아이에게 위임을 못 하는 이유는 무엇인가?

④ 사랑이라는 이름의 사슬로 나는 내 아이에게 어떤 제한을 하고 있나?

⑤ "위임할걸!"에서 "위임을 하겠어!"가 되기 위해 내가 변해야 할 것들은 무엇이 있는가?

⑥ 당신의 변화를 통해 내 아이가 보게 될 부모의 모습은 어떨 것이라고 생각하는가?

열정을 불러일으켜야
목적지까지 갈 수 있다

열정을 찾으면 움직임이 보인다

열정이 항상 긍정적인 것은 아니다. 어떤 것에 대한 열정인가
에 따라 다르다. 열정의 부정적 의미는 집착으로 대변할 수 있다. 부모
의 아이에 대한 열정이 있을 수 있고, 집착이 있을 수 있다. 마찬가지
로 아이들도 자신의 꿈과 미래, 목표에 대해 열정을 품을 수도 있고 집
착하고 있을 수도 있다.

겉으로는 같은 것처럼 보일 수도 있으나 그 안의 의도가 무엇인지,
의도를 이루기 위한 과정은 어떤 것인지, 의도와 과정에 의해 창출해
내는 결과가 무엇인지에 따라 양상이 다르다.

열정은 사람이 살아가는 데 긍정적 효과와 영향을 끼치게 된다. 집착은 부정적 효과와 영향을 끼치게 된다. 집착을 열정으로 전환시키고 보이지 않는 열정을 보이게 하고 없는 것 같은 열정을 불러일으키는 것은 바위를 뚫고 나오는 나무 같은 생명력을 가지게 하고 사막에서 길을 찾게 하고 죽은 나무뿌리에서 새 가지가 피어나게 한다.

사람은 자신이 가지고 있는 열정을 찾고자 하나 열정을 찾는 것이 자신에게 어떤 의미인지, 열정 안에는 어떤 의도들을 가지고 있는지를 분별할 수 없어 자신이 얼마나 강한 열정을 가지고 있는지 알지 못하고 살아가는 경우도 많다.

스스로 어떤 것에 열정을 쏟아붓고 있는가? 그것이 자신의 열정이라는 것을 확신하는가? 자신의 열정에 대해 생각해본 적이 있는가? 이것에 대해 알고 있거나 생각해본 적이 있다면 나름대로 열정적인 삶을 추구하는 사람이다.

자신에 대한 열정을 찾는 것만으로도, 열정이라는 것에 대해 관심을 가지는 것만으로도 이미 그 사람 안에는 열정이라는 것이 움직이고 있음을 의미한다. 열정을 가지고 살아가는 사람은 자신이 처한 상황을 이겨내는 것이 아니라 그것을 받아들이고 그 안에서 적응하고 자신의 성장을 위한 많은 돌파구와 대안을 찾고 새로운 길을 만들어 나간다.

부모와 대화를 하다 보면 자신이 처한 상황의 부정적 부분들에 대해서는 결정권이 없었다고 말한다. 그 모든 책임을 나 아닌 세상 또는 누군가로 전가하는 사람을 만날 때가 있다. 예를 들면 부모가 학교를 보내주지 않아서, 집 안이 가난해서, 아이가 부모인 자신의 말을 따라주지 않아서, 남편 또는 아내가 무엇인가를 안 해줘서, 주변의 어떤 사람이 이렇게 저렇게 해서 또는 하지 않아서 등이라고 말한다. 자신은 아무것도 하지 않았으면서 지금 자신의 만족스럽지 않은 상황들에 대해 나 아닌 누군가, 무엇인가에 책임을 전가하려고 한다. 이런 사람들의 공통 특징은 열정을 찾지 못했거나 열정이 있다는 것조차 알아차리지 못하고 삶에 대한 의미나 의도를 명확하게 갖지 못하고 있다.

열정을 가지고 살아가는 사람들은 지금 현재 자신의 만족스럽지 않은 상태가 영원하지 않을 것이라는 믿음을 가지고 있다. 자신의 만족스럽지 않은 상황에 몰입해 책임을 전가하기보다는 스스로 삶에 대해 선택하고 결정하는 데 책임지는 용기와 미래를 갖고 다가올 더 많은 가능성과 변화에 집중해 만족스럽지 않은 부분을 다른 모습으로 바꾸어가는 방법에 더 많은 에너지를 쏟는다.

내가 원하는 삶을 만드는 것은 나의 결정권 안에 있음을 알고 내가 할 수 있는 것, 하고 싶은 것, 해야 할 것들을 위한 시간을 만들고 결과보다는 과정에 힘쓰고 어떤 결과이든 감사하고 즐기며 또 다른 도전을 흥미롭게 시도한다.

예를 들면 어린 시절 공부할 수 없었던 환경을 탓하기보다 만학의 꿈을 키우고 관계가 나빴던 상황을 되돌려 앞으로의 삶을 위한 새로운 관계의 교훈으로 삼아 효과적인 관계의 질을 만들어간다. 이처럼 상황이 나를 만드는 것이 아니라 내가 원하는 상황을 만들어 그 새로운 상황에 익숙해지려고 노력한다.

이런 사람들의 공통 특징은 긍정적이고 밝고 희망적이며 늘 세상에 대한 배움의 준비를 한다. 이것은 부모들과 성인 사회에서만의 이야기가 아니다. 내 아이에게도 똑같이 적용된다.

아이들도 열정을 가지고 있느냐 아니면 그 열정의 의도나 의미를 몰라 집착하느냐에 따라 겉으로 보이는 모습을 달리한다. 내 아이가 무엇엔가 집착하고 있다면 그 집착 뒤에 숨은 열정에 들어 있는 진정한 의미와 의도를 찾아냄으로써 집착을 열정으로 변화시키는 경험을 하게 되고 그에 따른 행동을 하게 된다.

열정은 인간이 살아가는 과정에서 커다란 버팀목이 되어주고 시간의 흐름을 망각하게 하며 자신이 목적하는 방향으로 저절로 가게 만드는 원동력이다.

집착은 발목을 잡고 열정은 날개를 단다

부모는 아이를 사랑한다. 아이도 부모를 사랑한다. 그런데 이 사랑이라는 것은 그 이름을 시시때때로 바꾼다. 부모와 아이의 관계는 큰 사랑으로 만들어져 있다. 그러나 어느 시점이 되면 부모의 사랑은 개명을 해 집착이 되고, 아이의 사랑은 간섭이 되고, 이 관계의 사랑은 원망과 애증이 된다.

부모의 아이에 대한 사랑은 희망을 가득 담은 열정으로 시작되고 아이의 부모에 대한 사랑은 무한 신뢰를 가득 담은 열정으로 시작된다. 부모가 아이에게 가지는 열정은 시간이 지나면서 부모 자신 안에 있는 열정과 아이에 대한 열정이 더해져 과부하를 일으키고 과부하는 열정을 집착으로 변화시킨다.

부모 자신이 이루고자 했던 것들 또는 이루지 못한 데서 오는 아쉬움, 즉 자신 안에 있는 열정 덩어리를 아이를 통해 이뤄보고자 한다면 이제 내 아이의 열정은 중요하지 않다. 아이와 자신이 하나로 연합되어 구분할 수 없게 되고 부모 자신의 열정이 무엇인지 인지하지도 못한 채 아이를 위한 헌신으로 오인함으로써 집착이 시작된다.

이 집착은 아이의 열정을 찾고 성장시키는 데 발목을 잡고 오도 가도 못하게 한다. 부모인 내가 아이에게 집착하는 동안 아이는 점점 열정을 잃어가고 열정을 대신해 어느 정도 부모의 용납이 가능한 정도의 집착이 발현된다.

아이에게 나타나는 집착의 발현은 자신의 삶에서 또는 일상에서 중요한 것과 중요하지 않은 것의 구분을 어렵게 만들어 아이의 분별력을 점점 저하시킨다. 이런 아이의 모습을 보는 부모는 아이를 사랑하는 마음 안에 있는 희망이 사라져간다고 느끼고 희망이 사라지는 데서 오는 불안과 허무로 아이의 일거수일투족을 집착하게 된다.

아이는 부모에 대한 사랑하는 마음 안에 있는 무한 신뢰를 조금씩 깨뜨리고 부모의 집착을 간섭으로 해석한다. 부모가 하는 아이에 대한 걱정과 사랑도 아이 입장에서는 점점 간섭이 되는 것이다.

아이의 부모에 대한 사랑은 간섭이라는 이름으로 개명하게 되어 부모와 아이의 관계는 서로를 원망하는 애증의 관계로 발전하게 된다.

부모도 아이도 서로가 잘 되기를 바라는 사랑과 걱정으로 가득함에도 서로에 대한 원망으로 열정이라는 이름을 잃게 된다.

부모는 아이에 대한 걱정을 지시하고 지적하고 통제하고 의심하는 형태의 말이나 행동으로 변형시킨다. 아이는 부모에 대한 반응으로 거부하고 반항하고 외면하고 부정하는 형태의 말이나 행동으로 하게 된다. 이런 형태의 의사소통 방식은 부모와 아이 서로에게 상처를 남기고 이렇게 남은 상처는 부모와 아이 각각이 열정을 찾는 데 발목을 잡게 된다.

내 아이가 열정을 쏟게 하려면 부모가 가지고 있는 열정과 내 아이에 대한 열정을 구분할 수 있어야 한다. 그것이 이뤄지는 순간 서로에 대한 집착에서 벗어나는 자유를 얻고 자신의 열정에 대한 의미와 의도를 온전히 해석할 수 있다.

열정 안의 의미와 의도를 해석하게 된다는 것은 스스로 자기 안에 있는 보물 창고를 여는 것과도 같다. 자신의 열정을 찾으면 같은 집중의 다른 행동을 통한 새로운 변화를 확인할 수 있다.

게임을 열심히 하는 아이들이 있다. 이것에 대해 많은 부모가 걱정하고 심각한 문제로 여기며 사회 전반의 청소년 문제로 대두되고 있기도 하다. 아이들이 게임을 하는 것에 대해 부모들과 어른들은 "아이들이 게임에 집착하고 있다"고 말하곤 한다.

게임을 하는 이유를 아이들에게 물어보면 아이들마다 제각각이다. "재미있어서", "게임 점수를 올리려고", "그 안에서 소통할 수 있어서",

"새로운 게임을 알아가는 게 좋아서", "시간이 잘 가서", "경쟁하는 게 좋아서" 등과 같이 대답이 다양하다.

이것을 다르게 해석하면, 집착을 열정으로 바꾸려면 게임처럼 재미 있게 했던 아이의 경험을 바탕으로 재미있게 할 수 있는 것들을 찾아 야 한다. 게임 점수를 올리는 것처럼 스스로가 만족스러운 크고 작은 성과의 경험을 바탕으로 성과를 올릴 수 있는 것들을 찾아야 한다. 소 통이 가능한 상황을 찾고 새로운 것들을 발견해서 경험해보도록 유사 환경을 조성하는 것이 바람직하다. 아이의 집착을 열정으로 만드는 행동이 가능한 경험을 찾아서 해볼 수 있도록 부모가 수락하고 허용 해야 한다.

자신의 열정을 찾은 아이들은 더 많은 것을 시도하거나 현재 발견 한 자신의 열정에 더 많이 집중할 수 있는 자기만의 새 방법들을 찾고 싶어 한다. 이렇게 찾은 하나의 열정은 주변에 더 많은 열정을 찾을 수 있는 용기와 동기를 부여하게 되고 그 열정으로 자신이 감수해야 하 는 부분이 생기더라도 충분히 수용하고 받아들이는 것이 가능해진다.

자신의 보이지 않는 미래, 알 수 없는 미래로 가는 길에 필요한 연료 를 얻은 것과 같기 때문이다. 열정은 자신의 미래 결과를 희망으로 예 측할 수 있게 하고 세상의 변화를 받아들이는 데 좀 더 여유롭고 유연 하게 만든다.

부모는 내 아이의 성장을 위해 굳이 먼저 급히 가려 하지 말아야 한 다. 부모와 아이 모두 자신을 돌아보고 인생이라는 여정에서 가끔은 숨을 돌리고 주변을 돌아보자. 부모가 자녀 교육에서 잠시 여유와 휴식을 가지면 부모 자신의 열정과 아이의 열정을 혼돈하지 않게 된다. 아이에 대한 집착으로 발목을 잡히거나 잡지 않고 열정으로 희망의 날개를 달 수 있게 한다.

열정의 날개를 다는 방법에 대한 해답은 부모 안에 있을 수도 있고, 내 아이 안에 있을 수도 있다. 그것을 찾으려면 빠른 보폭을 늦추고 천천히, 많이가 아니라 하나씩 찾겠다는 각오와 다짐으로부터 시작해야 한다.

아직도 부모인 나의 열정 혹은 이루지 못한, 이루고 싶었던 것에 대한 아쉬움을 내 아이를 위한 희생과 헌신으로 오인하고 집착하고 있지 않은가? 이것들을 내려놓을 수 없다면 열정을 손에 쥐는 대신 부모 자신과 아이의 미래에 대한 희망은 앞으로 살아갈 삶의 성취 목록에서 제외되고 포기해야 할 목록으로 옮겨질지도 모른다. 집착과 열정은 함께 가지고 갈 수 있는 것들이 아니기 때문이다.

부모 자신의 열정에 날개를 달고 거기에 더해 내 아이의 열정에 날개를 다는 부모는 더 많은 집착과 미련에서 자유와 진정한 사랑이라는 보물을 영위하게 된다.

✒️ **부모인 나는 아이에게 집착하는가?**

① 세상에 아무런 제약이 없다면 당신이 꼭 해보고 싶은 것은 무엇인가?

② 그것은 나에게 어떤 의미인가?

③ 그것을 이룬다면 어떤 느낌일까?

④ 내 아이에게 부모인 내가 집착하는 것은 무엇인가?

⑤ 집착을 열정으로 바꾸기 위해 필요한 것은 무엇인가?

⑥ 내 아이에 대한 집착이 만들고 있는 내 아이의 모습에는 어떤 것이 있는가?

기대와 기대하는 마음
내려놓기

마음 안에 있는 계산기

가족 관계 내의 일상에서 우리는 늘 누군가를 위해 희생하고 봉사하고 헌신하고 있다는 생각을 하게 된다. 자신 안에 있는 계산기를 두드려보면 무엇인가 늘 손해를 보고 있는 것 같은 느낌을 떨치지 못한다.

우리는 누군가에게 늘 주고 있다는 착각을 하면서 살아간다. 이것은 부모만의 이야기는 아니다. 지금 부모인 우리가 자신의 부모로부터 받은 것에 대해 목록을 작성해보고 내 아이에게 준 것 또는 스스로가 희생했다거나 헌신했다고 생각하는 것들, 그로 인해 포기하고 살았다고 생각하는 것들에 대한 목록을 작성해보면 어떨까?

　사람들이 가지고 있는 마음의 계산기는 교묘해서 자신의 행위나 감정에는 더하거나 곱하기를, 타인의 행위나 감정에는 빼기나 나누기로 연산한다. 이 마음의 계산기가 작동하면서 내가 하면 정의, 타인이 하면 당연함 또는 도리와 의무로 규정된다. 즉 자신이 정한 기준을 바탕으로 기준에 미치지 못한다고 생각하면 상대의 행위를 폄하하게 된다.

　부모인 내가 내 아이에게 하는 모든 감정과 행위는 최선이고 최상이라는 기준에 놓고 그 최선과 최상의 기준에 놓인 내 아이는 최고여야 한다는 생각을 가지게 된다. 최고의 내 아이는 그에 부합하는 어떤 결과를 가져다줄 것이라고 믿는 것. 그것은 부모 마음속에 있는 계산기가 작동해 자신이 최상 또는 최선이라고 생각한 것들에 대한 당연한 결과물을 바라는 기대 심리를 발동한 결과다.

　기대는 현실에 있는 것이 아니다. 구체화되지 못한 비현실적인 감정과 사고들이 모인 하나의 덩어리다. 내가 누군가에게 원하거나 바라는 것들을 이야기하지 않으면, 행동하지 않으면, 실행에 옮기는 액션을 취하지 않으면 상대는 알 수 없다. 그런데도 남편이, 아내가, 부모가, 아이가 내가 그들을 위해 헌신하고 희생하고 봉사하고 양보했던 것처럼 나에게 내가 원하는 것, 바라는 것을 알아주고 또 그렇게 대접해주기를 바란다.

　그러나 내가 주었다고 생각하던 헌신, 희생, 봉사, 양보, 이해 등에 대해 상대는 아무것도 기억하지 못할 수도 있다. 상대도 내가 가지고 있는 마음속의 계산기를 똑같이 가지고 있기 때문이다.

내가 상대의 행위에 대해 빼기를 하고 나누기를 했던 것처럼 상대의 의식 속에서 나의 행위가 빼기와 나누기의 대상이 되고 내가 주었다고 생각하는 것들의 흔적을 찾을 수 없게 된다. 이렇듯 각자의 마음 안 계산기는 섭섭함, 억울함, 허탈함, 배신감을 느끼게 하고 거기에 더해 관계를 해치는 원인이 되기도 한다.

예를 들어 남편 또는 아내를 위해 희생하고 있다거나 자식을 위해 모든 것을 다해주었다거나 또 다른 누군가를 위해 최선을 다했는데 그 상대방이 어떻게 나에게 그럴 수 있는지 분노하는 사람이 있다. 그런데 상대는 오히려 이렇게 반발할 수 있다.

"내게 해준 게 뭐냐?" "누가 해달라고 했느냐?" "나도 힘들었다."

부모는 부모가 원하는 것, 즉 부모가 주고 싶은 것, 부모가 생각하기에 아이가 원하고 있을 것 같은 것들을 주고 있었을 가능성이 높다. 내 아이 또는 상대가 간절히 원하는 그 무엇이 아닌 내가 원하는 그 무엇을 그들이 원하리라는 나만의 착각에서 제공한 것이다.

오래전 손녀가 1시간 넘게 막무가내로 운 적이 있다. 이렇게 해보고 저렇게 해보았으나 아이는 울음을 그칠 기색을 보이지 않았다. 젖을 주어도 울고 기저귀를 갈아주어도 울고 안아주어도 울었다. 그래서 너무 놀란 나머지 병원을 가기 위해 주차장으로 이동하려고 집을 나섰다. 바로 그때였다. 금방이라도 어떻게 될 것같이 울던 아이가 울음을 그쳤다. 아마도 아이는 신선한 공기를 원했던 모양이다.

이처럼 우리는 고정화된 자신만의 방식에 상대가 동조해주기를 원하고 있을 때가 많다. 우리의 일상 속에서의 의사소통이 이런 방법으로 이뤄지고 있지는 않았는지 생각해보아야 하겠다.

또한 우리가 주었다고 생각하는 것들의 목적은 줄 때의 나의 만족을 통해 이미 끝난다.

《불가능도 가능하게 만드는 코칭 파워》(매일경제신문사, 2013)의 저자 잭 캔필드Jack Canfield와 피터 치Peter Chee는 "우리는 남에게 주는 과정에서 이미 받고 있다"고 했다. 내가 주었다고 생각하는 것들에 대해 받았다고 느끼거나 느끼지 않는 것은 온전히 상대에게 속한다.

특히 부모와 아이와의 관계에서 주고받은 모든 것을 계산하기 시작하면 부모는 아이에게 고리대금업자가 되어버리고 아이는 그것에 대한 대가를 치러야 한다는 중압감을 느끼게 된다. 아이는 그 중압감을 벗어나기 위해 마음의 계산기로 빼기와 나누기를 작동해 "나는 받은 것이 없다"고 결론을 내린다. 그리고 더하기와 곱하기를 작동해 "나도 죽을힘을 다해 버티고 있다", "내가 하고 싶은 것도 못하면서 꾹꾹 참고 있다" 등의 이야기를 할 수 있다.

서로가 어긋난 기대를 하는 것이다. 부모는 내 아이가 '내가 얼마나 너를 위해 열심인지' 알고 있을 것이며 알아줄 것이고 그래서 최고가 되어줄 것이라는 기대를 하고 아이는 부모에게 '나의 부모는 나에 대해 다른 누구보다 더 많이 이해해주고 믿어주고 기다려줄 것'이라는 기대를 하고 있다.

이것은 각자가 자신의 마음 안에 있는 계산기를 작동하고 있음을 의미한다. 기대를 더하거나 곱하고 이해를 빼거나 나누고 있는 마음 안의 계산기가 있다는 것을 부모가 먼저 인식해야 한다. 준 것을 생각하지 말고 줄 수 있고 나눌 수 있는 부모가 된 것에 감사를 늘리고 기대 장부에 목록을 줄여나가야 한다.

기대로는 내 아이의 변화를 만드는 데 한계가 있다. 내 아이를 위한 분명하고 긍정적인 의도를 가진 사고와 그에 따른 말과 행위가 일치해 이뤄질 때 부모인 나와 내 아이의 삶에서 긍정적인 변화를 경험하게 된다.

만족을 만들어가는 사람

부모는 "내 아이는 나보다 나은 삶을 살아야 한다", "내 아이는 나보다 행복해져야 한다", "내 아이는 누구보다 자신이 원하는 삶을 살아야 한다"고들 말한다. 또한 그렇게 되기를 기대하고 그런 삶을 만들어주기 위해 수없이 많은 노력을 기울이고 있다.

그런데 부모의 이런 생각과 외침은 "두껍아! 두껍아! 헌 집 줄게 새 집 다오" 하는 것과 마찬가지다. 내가 가진 많은 것, 아이에 대한 사랑의 방식, 아이에 대해 부모가 가지는 기대치, 부모와 아이와의 관계, 부모와 아이에 대한 사회적 의식과 그에 따른 생활양식, 양육법 등이 이미 부모인 우리 세대가 살던 방식이나 상황과는 아주 많이 또는 완전히 달라져 있다. 그런데도 부모들은 아이들에게 계속 "헌 집을 주겠다"고 한다.

얼마 전까지만 해도 부모 특히 엄마가 주된 아이의 교육자였다면 지금은 아빠의 역할이 많이 강조되고 있다. 이제 부모라는 말의 의미가 점점 살아나는 시대가 되었다. 여기에 더해 사회 학습 과정의 하나로 어린이집이나 유치원 등을 옛날과는 다르게 의무처럼 보내고 있다.

아이가 보고 듣고 학습하는 환경이 부모나 주변의 가족으로 제한되지 않으며 학습의 공급자와 양육자 역할을 맡는 주체가 그전과 달리 넓어졌다는 것은 모든 부모가 공감하는 부분일 것이다. 이러한 시대의 변화 흐름은 부모가 아이에 대해 더 많은 정보를 가지고 변별해 활용하지 않으면 안 됨을 강조하고 있다.

내 아이의 나보다 나은 삶, 나보다 행복한 삶, 자신이 원하는 삶을 진정 원한다면 아이에게 나라는 기준을 놓고 이야기하는 습관을 버려야 한다. 내가 가진 정보는 이미 헌 집인데도 불구하고 계속 아이에게 헌 집을 주겠다고 외치는 것은 나처럼 살라는 것과 다르지 않다. 부모가 자신의 삶에 만족하지 못하는 상태에서 더 나은 삶의 모습을 아이에게 주고자 하는 모습은 아이에게 처절하게 비칠 수 있다. 그러면 아이는 부모의 만족하지 못한 부분을 채우기 위한 처절함을 학습하게 될 것이고 결국 내 아이도 나처럼 자신의 삶에 만족하지 못하는 처절한 삶을 살아가게 될지도 모른다.

부모는 분명 자신의 처절한 매일을 아이에게 주고 싶지 않을 것이다. 그래서 지금은 조금 힘겨워도 내 아이에게 지금보다 나은 삶을 만들어주겠다는 일념으로 버티고 있을 수 있다. 그러나 아이들은 그것을 알지 못한다.

아이는 부모가 자신을 위해 많은 것을 만들어주고자 열심을 다하고 있다는 것을 머리로는 '그렇구나!' 하고 생각하지만 마음은 그 머리를 따라가지 않는다. 아이의 미래를 위해 부모가 지금 쏟아붓는 시간과 노력은 현재 아이가 가져야 하는 것을 가지지 못하고 참아야 하는 시간이 되고 있다.

아이는 부모와 여행도 가고 싶고 놀이동산도 가고 싶고 맛난 요리도 만들어보고 싶고 집 안에서 부둥켜안고 뒹굴어보고도 싶고 자랑도 하고 싶고 수다도 떨고 싶다. 물론 궁금한 것도 물어보고 싶다. 그런데 부모는 매일 바쁘다. 그것도 아이를 위해 바쁘다. 아이는 바쁜 부모가 슬프게 느껴져 아무 말도 못 하고 있다.

이렇게 아이가 자라 청소년이 되면 부모는 자신의 감정이나 정서, 상황에 대해 논의하거나 공유하는 대상이 아니라 늘 바쁘고 자신을 제재하는 사람으로 여긴다. 부모가 아이를 귀찮고 성가시고 거추장스럽고 부담스럽게 여기는 사람들이 되는 경우도 있다.

성인이 된 아이는 부모의 바쁜 시간을 참아주었으니 결과물을 달라고 한다. 내가 원하는 것을 주기 위해 바빴다고 하니 이제 성인이 된 나에게 보상을 해달라고 이야기하는 것이다.

부모가 아이를 위해 아이와 함께하지 못하면서까지 투입한 시간은 헌 집을 짓는 시간이었다. 아이는 이미 자신의 새집을 짓고 살아가는 중이다. 부모가 말하는 아이의 미래를 위해 준비한 시간들은 아이에게는 헌 집이 되었기에 자신의 새집과 바꿀 의사가 전혀 없다.

그런데도 부모는 자신이 아이를 위해 주었던 시간을 기억하고 아이는 자신이 원하던 것 중 받았다고 인식되는 것만 기억한다. 부모는 아이를 위해 100을 양보하고 100을 주었다고 이야기할 때 아이는 "하나밖에 받은 것이 없어요"라고 말할 수 있다.

부모는 자신의 부모로부터 받은 헌 집을 짓느라 내 아이가 짓고 있는 새집을 둘러볼 틈을 만들지 못했던 것이다. 내 아이의 새집은 빈틈이 많다. 이 틈을 채워주는 것이 아이가 기억하는, 받은 것을 만드는 것이다. 부모의 헌 집은 과거로부터 물려받은 나의 아쉬움을 바탕으로 내가 만들어 살아온 집의 흔적 덩어리라면 아이의 새집은 가능성을 바탕으로 만들어지는 집이다.

내 아이의 가능성의 집에 빈틈을 채우는 것은 부모인 나보다 나은 삶, 나보다 행복한 삶, 누구보다 나은 삶, 누구보다 행복한 삶, 아이가 원하는 삶을 살아갈 수 있도록 만들어가는 일이다.

새집은 아직 빈틈이 많아 바람에도 약하고 비에도 약하다. 부모의 헌 집은 내 아이가 바람과 비를 피하게 하는 안식처로서 든든하고 안락한 쉼터의 역할을 해야 한다.

부모는 아이가 자신의 이야기를 맘 놓고 풀어놓을 수 있게 하고 자신의 궁금증을 편하게 물어볼 수 있게 하고 아이의 생각에 대해 시간을 가지고 반추해주고 어떤 상황에서도 끝까지 들어주고 답해주는 참 믿을 만한 사람들이 되어야 한다.

내 아이에게서 참 믿을 만한 사람으로 기억될 부모는 세상에 그다지 많지 않다. 부모가 아이에게 참 믿을 만한 사람으로 남는 것은 받은 것이 많은 사람, 풍요로운 사람이 되는 길이다. 이때 부모와 아이 모두 만족을 찾는 게 아니라 만들어가는 삶을 살게 된다.

아이에 대해서 계획하지 말고 디자인하라

계획은 틀이고 틀은 새로운 사도 세자 뒤주와 같다

사람들은 계획하는 것을 마다하지 않는다. 실천은 어떻게 되든 일단 계획하고 다짐하는 일은 누구나 해보았을 것이다. 그것도 아주 많이 해보았을 것이다. 계획이 계획으로 그치는 경우의 대부분은 자신이 이미 그것을 100% 실행할 의지를 갖고 있지 않으며 계획의 가치를 그다지 높게 인식하지 않기 때문이다.

달리 생각하면 계획도 하나의 틀이다. 사람들은 대부분 틀을 선호하지 않는다. 계획이 틀이라고 할 때 틀은 깨는 것이 또 다른 맛이다. 이제 그 틀을 깨보고자 한다.

아이의 미래를 계획한다는 것도 이런 맥락에서 살펴볼 수 있다. 아이를 계획이라는 틀에 가두고 그 틀에서만 움직이도록 반경을 긋는다면 그것은 부모 스스로도 틀 안에 갇혀 움직이지 못하고 있는 셈이다.

아이의 미래를 계획하는 순간 부모도 아이도 그 틀을 유지해야 한다는 부담감을 느끼기에 오히려 사고의 폭이나 행동반경이 제한된다. 다르게는 계획이 순조롭다면 큰 문제가 없다고 인식할 수 있다. 그러나 문제는 늘 문제가 없다고 인식하는 순간 방심과 만심이라는 장애를 만나 한꺼번에 엉켜버린다.

부모 자신에 대한 계획을 세워보고 다짐도 해보지만, 유효 기간이 그다지 길게 유지되는 경우는 의외로 흔치 않다. 하물며 나도 아닌 내 아이는 더 그렇다. 나의 사고와 감정의 통제 밖에 있다. 부모는 그것을 알고 있으면서도 언제나 그랬던 것처럼 아이를 자신의 통제권 안에 넣어 틀을 만든다.

계획이라는 틀은 이 시대의 새로운 사도 세자 뒤주와도 같다. 부모가 아이를 현대식 뒤주 속 왕자로 만들고 있다. 부모가 아이의 미래를 위해 세운 계획은 아주 좁거나 아주 작은 뒤주가 된다. 그곳에 갇힌 아이는 빛을 볼 수 없다. 세상에 대해 아무것도 아는 것이 없다.

어느 순간부터는 그 뒤주 안의 어둠에 익숙해져서 자신이 빛을 보지 못하고 있음과 뒤주 밖으로 나오면 눈을 뜰 수 없음을 알지 못한다. 다시 말해 아이는 부모가 아이의 미래에 대해 정해놓은 계획이 자신이 할 수 있는 전부라고 생각하고 살아야 한다.

그 계획을 수행하기 위해 필요했던 것들은 어느 순간 아이에게 아무 의미 없는 것들이 되어버릴 수도 있다. 또한 아이가 계획이라는 틀을 깨고 세상 밖으로 나왔을 때 틀 안에서 알던 것들 외에는 아무것도 할 수 없고 하려고 시도조차 하지 못할 수도 있다.

예를 들면 부모의 계획에 의해 교사가 되어야 한다는 틀에 갇힌 아이는 교사가 아니면 할 것이 없어져버린다. 법관이 되어야 한다는 틀에 갇힌 아이는 법관이 아니면 할 것이 없어져버린다. 이런 부모와 아이에게 세상에 되어야 하고 할 수 있는 것은 교사, 법관뿐이다. 다행히도 이것을 이뤄 교사가 되고 법관이 되더라도 이 아이가 어떤 교사, 어떤 법관이 되어 어떤 사명을 가지고 일할지 궁금하지 않을 수 없다.

교사 또는 법관이라는 미래의 직업 계획이 이 아이에게 진정한 행복과 만족을 줄 수 있을지도 의문이다. 우리는 이와 유사한 경우를 주변에서 많이 경험해보았다.

아이에 대해 부모가 세워놓은 계획들이 부모가 원하는 대로 늘 이뤄진다면 모든 사람이 이렇게 말할 것이다. "아이는 계획으로 키운다." 하지만 계획대로 되는 건 아니다. 그렇다고 아무런 계획도 세우지 말아야 한다는 의미는 아니다.

계획은 있어야 하나, 그것을 부모가 정해놓는 일을 피해야 한다. 이는 계획이라기보다는 틀이고 새로운 시대의 사도 세자 뒤주다.

부모가 하는 계획은 동서남북 방향이다. 그리고 계획은 언제나 유동성을 지니고 변경할 수 있어야 한다. 그렇지 않으면 부모도 아이도 갈 곳을 잃게 된다. 계획을 넘어 내 아이만의 고유하고 특별한 가능성들로 이뤄진 디자인이 필요하다.

부모는 내 아이의 디자이너

부모는 내 아이의 디자이너다. 그것도 아이의 삶 전반에 영향을 끼치고 영양을 공급하는 디자이너다. 부모 계획의 시대는 이미 오래전 일이다. 아직도 부모 계획이 필요하다고 믿고 부모 계획을 짜고 있다면 스스로를 옥죄는 동아줄을 만들고 있는 셈이다.

앞으로 내 아이들이 살아가게 될 세상은 계획만이 아니라 계획 안에 기획이 들어가고 창의력이 들어가고 상상력과 변별력, 주도력, 통제력, 의사소통 능력, 협력, 자기 인식 능력 등이 들어가야 한다. 계획의 범위가 이전과는 전혀 다르게 넓어진 세상이다.

자신의 고유함을 가지고 타인의 고유성을 받아들여 통합하는 창조성이 요구되고 있다. 내 아이가 살아갈 세상 그리고 부모인 내가 앞으로 익숙해져야 하는 세상은 겉으로 보이는 계획보다 아이 안에 잠재된 내용의 구성에 의미를 두게 된다.

계획이 틀을 만드는 것이라면 디자이너는 틀을 깨고 무엇인가 전혀 다른 규칙을 만들고 규칙 안에 자율성을 담아내야 한다. 그러려면 부모 스스로 지금까지 가지고 있던 틀과 고정관념에서 자유로워야 한다. 부모가 가지는 고정관념은 아이의 창의성과 고유의 특성을 보고 받아들이는 데 장애 요소로 작용하게 될 수도 있다.

예를 들어 '성공을 하려면 이렇게 해야 한다' 또는 '아이는 이렇게 교육해야 한다' 등의 고정관념은 부모와 아이에게 크고 작은 잣대를 들이대는데 그 잣대는 오로지 자신의 고정관념에 따라 수치를 나타낼

뿐이다.

성공한 사람들은 매우 많다. 교육과 관련해서도 아이들에게 제공되는 교육 방식 또한 엄청나게 많다. 그중 부모의 사고나 관념과 일치되는 몇몇 특별한 방법을 골라내 그것이 옳다고 또는 맞다고 우기는 것이 부모가 가지고 있는 고정관념이다.

이 고정관념의 틀을 깨기 위해 '성공하려면 이렇게', '아이의 교육은 이렇게' 등의 발상에서 '이렇게'의 내용을 정보로 이용하고 그 정보 중 '내 아이의 이렇게'를 만들어내는 전환을 해야 한다.

이렇게 많은 정보는 내 아이를 디자인하고 기획하는 데 엄청난 정보와 아이디어가 되어줄 것이다. 단, 부모 자신의 사고나 관념과 일치되는 몇몇 특별한 방법을 발췌하고 싶어지는 욕구를 내려놓아야 한다.

디자인은 창조의 과정이다. 세상에 전혀 존재하지 않는 무엇인가를 창조하는 것이 아니다. 내 아이의 보이지 않는, 아니 부모인 내가 보지 못했던 그러나 이미 가지고 있는 것을 연결하고 늘 보던 또는 보고 있던 모습이 아니라 '내 아이에게 저런 면도 있었나' 하고 의아해했던 그리고 조금은 생소했던 모습까지 모아서 내 아이의 디자인에 필요한 요소들을 탐색하는 과정이 내 아이를 디자인하기 위한 첫걸음이 된다.

부모가 내 아이를 디자인하는 디자이너가 된다는 것은 지금까지와는 다른 새로운 생각과 그에 따른 개념들을 통합하고 조합해내는 정신적인 훈련이며 새로운 무엇인가를 만들어내는 결실을 위한 과정이다. 부모는 아이와의 시간들 속에 남아 있는 그것이 아주 미미한 내용일지라도 흔적들을 모아야 한다. 그 흔적들 어디에서 내 아이의 가능성을 발견하게 될지 알 수 없기 때문이다.

　부모는 아이와 지나온 시간들 속에 잊고 지나온 것들이 있을 수 있으나 그중 어느 것이 내 아이의 성공과 미래를 디자인하는 메인 요소가 될지 알 수 없다. 아이와의 지나온 시간들 속에 남아 있을 수 있는 작은 단서에도 집중해야 함을 잊어서는 안 된다.

　이러한 집중의 시간만으로도 내 아이에 대해 잊었던 것들을 되돌리는 의미 있는 시간을 경험하게 되고 그 안에 있는 부모로서의 나의 지난 모습도 다시 만나는 소중한 경험을 하게 된다.

　내 아이만을 어떻게 해보려고 시도한다면 아직도 부모 계획이라는 틀에서 벗어나지 못하는 상황이다. 하나의 걸작이 탄생하는 데는 소재가 아니라 소재를 거듭나게 하고, 융합하는 창의적인 아이디어와 소재를 구성하고 기획해 그 소재들을 살리면서도 새로운 의미들을 만드는 역량이 중요하게 작용한다.

　아이는 다양한 소재들의 집합이다. 소재가 저절로 움직여 자기 자리를 찾아가 걸작을 만들지는 못한다. 걸작을 만들어내는 데 필요한 소재를 알아보는 것, 그 소재를 연결하고 또 다른 새로운 무엇인가를 만들어낼 수 있도록 할 수 있는 것은 온전히 디자이너의 역할이다. 각각의 소재들이 자기 역할을 찾아가게 하는 것 또한 디자이너의 역할이다.

　그 소재들이 모여야 걸작이 된다. 그 소재들이 크든 작든 그 나름의 가치가 있음을 인정하는 것이 진정한 걸작을 만들어내는 원동력이다.

　소재들의 나름의 가치를 인정하려면 내 아이의 버려야 할 습관을 말하기에 앞서 부모인 내가 먼저 내 아이의 습관에 끼치는 영향 중 버려야 할 습관적인 고정관념을 찾아내 수정해야 한다.

남들의 성공 이야기나 교육 성공담을 이야기하기보다는 내 아이가 성공할 수 있고 행복할 수 있도록 아이의 삶의 만족 %를 높이는 내 아이의 성공담을 만들자. 내 아이의 학습 스타일을 찾아 이제 남의 스토리에 모든 것을 올인하는 것이 아니라 부모인 나와 내 아이의 스토리를 만들어내는 과정에 협력하자.

성공하는 삶이란 스스로의 삶에 대한 만족도가 높은 삶이다. 부모의 계획이라는 틀이 아닌 부모 디자인이라는 창의적인 시도를 통해 내 아이의 더 많은 가능성과 잠재력, 내 아이만의 고유한 특성들을 발현시키고 그 누구의 삶이 아닌 자신의 삶을 성공적으로 살아갈 수 있는 미래를 만나게 해야 한다. 이것이 미래 사회의 부모 디자이너의 역할이다.

Tip **부모의 고정관념**

① 내가 가지고 있는 내 아이에 대한 고정관념에는 무엇이 있는가?

② 내 아이에 대한 고정관념은 아이에게 어떤 영향을 끼치는가?

③ 아이를 위한 계획에는 어떤 것들이 있는가?

④ 그 계획이 이뤄질 가능성은 몇 %라고 생각하는가?

⑤ 내 아이는 자신의 삶에 대해 만족하고 있을까? 만족한다면 어느 정도일까 생각해본다.

⑥ 그 만족도를 높이기 위해 부모인 내가 새롭게 디자인할 수 있는 것으로는 무엇이 있는지 10개 이상 적어본다.

내 아이를 전문가로 성장시켜라

아이를 전문가로 성장시키는 부모

"내 속으로 난 자식인데 내가 왜 몰라."

예전부터 부모가 드물지 않게 하는 말이다. 그런데 정말 그럴까? 내 아이에 대해 아는 그 많은 것 그리고 안다고 생각하는 것들이 진정한 내 아이의 모습이라고 단정할 수 있을까?

우리의 부모가 나를 얼마나 많이 알고 있다고 생각하는지 생각해보면 좀 이해가 될 것이다. 부모님이 무서워서, 어려워서, 죄송해서, 불편해서, 부끄러워서 말하지 못하고 표현하지 못하고 내색조차 하지 못했던 기억이 누구나 하나 이상 아니 엄청나게 많을 것이다.

이런 이야기도 들어보았을 것이다.

"사람 겉 낳는 것이지 속 낳는 것 아니다."

그렇다. 부모가 아는 것은 내 아이의 겉모습일 수 있다.

부모인 내가 어린 시절 그랬던 것처럼 내 아이도 무서워서, 어려워서, 죄송해서, 불편해서, 부끄러워서 말하지 못하고 표현하지 못하고 내색조차 하지 않고 있을 수 있다.

아이가 친구 관계나 가족과의 관계에 대해 어떤 생각을 가지고 있는지, 어떤 감정을 가지고 있는지 부모는 세세히 알지 못한다. 아이가 어떤 것을 할 때 더 즐거운지, 더 재미있는지, 더 관심이 가는지 그 또한 부모가 정확히 알지 못하는 경우가 많다.

그런데도 부모는 내 아이에 대해 안다고 생각한다. 그러나 오래지 않아 내 아이에 대해 잘 알고 있다는 믿음이 잘못되었음을 증명이라도 하듯 아이의 의외의 행동에 부딪치게 된다.

문제가 일어나고 해결해야 하는 상황에서 부모는 문제의 원천, 다시 말해 부모가 문제라고 생각하는 내 아이를 통해 문제 해결을 위한 실마리와 방법들을 찾지 않는다. 그보다는 부모가 지금까지 보아왔거나 아이와의 관계에서 대처해왔던 아이의 겉모습에 바탕을 둔 방식을 적용해 문제를 해결하고자 한다.

그래도 해결의 실마리를 찾을 수 없으면 부모는 답답하고 초조해진다. 그 답답함과 초조함은 행동으로 드러난다. 그 드러난 행동은 아이를 다그치거나 윽박지르거나 제재를 가하거나 아예 외면하는 것이다. 그동안 아이는 더 많은 해결 과제들과 맞닥뜨리는 경험을 하고 있을 수 있다.

이런 상황은 치과에 아이를 낳으러 가는 것과 같고 과도로 고래를 잡아보겠다고 하는 것과 다르지 않다. 이미 우리는 전문가를 곁에 두고 있다. 내 아이 문제를 해결하는 데 가장 탁월한 전문성을 가지고 있는 사람은 바로 내 아이다.

아이가 자신의 탁월한 전문가가 되는 것은 주변으로부터 얼마나 인정받고 존중받고 칭찬받고 격려를 받아온 경험이 쌓여 있는가에 달려 있다. 그에 따라 전문가로서 내리는 처방의 내용과 질이 달라진다.

부모가 내 아이를 자신에 관한 전문가로 성장하게 하려면 아이가 못하는 것, 하지 않는 것을 강요하지 말고 하려고 하는 것들과 하고 있는 것들에 대해 존중해주어야 한다.

"그게 될까?", "할 수 있겠어?", "얼마나 가나 보자" 등과 같이 말하지 말고 "대단하네!", "엄마나 아빠가 도와줄 건 없을까?" 등으로 피드백하는 게 바람직하다. 안 되는 것들에 집중하기보다는 해도 되는 것들, 해볼 만한 것들에 대한 시도를 권장해야 한다. 이런 존중의 과정을 경험한 아이는 자신에 관한 전문가로 성장할 수 있다.

무엇을 하는 과정에서 동기를 부여받고 조금은 버거울 수 있는 부분까지도 도전해보도록 격려를 경험한 아이는 자신에 관한 전문가로 성장할 수 있다. 무엇인가를 하고자 하는 용기를 지녔으며 그 과정에 참여하고 결과를 만들어낼 수 있는 사람이라고 인정받는 경험을 해본 아이가 자신에 관한 전문가로 성장할 가능성이 높은 것이다.

이때 칭찬이 중요하다. 칭찬은 꼭 결과물의 완성에 따라오는 것이 아니다. 부모가 보기에 아무것도 아닐 수 있으나 아이가 그것에 대해 조금의 노력이라도 시도한 흔적이 있다면 그때 부모는 아이에게 칭찬을 해야 한다.

예를 들어 아이가 달리기에서 꼴찌를 했다면 끝까지 뛴 것을 칭찬하는 것이다. 극한 상황에도 작은 성과와 노력의 흔적은 있게 마련이다. 바로 그 부분을 찾아 칭찬하는 것이다. 그러나 칭찬은 과하지 말아야 한다. 상황과 성과에 맞는 적절한 내용이 담긴 것이어야 한다.

"칭찬은 고래도 춤추게 한다"는 말은 누구나 다 알고 있다. 그러나 계속되는 과한 칭찬은 춤추는 고래를 지쳐 쓰러지게 할 수도 있음을 명심해야 한다. 상황과 현실에 맞는 적절한 칭찬을 받은 아이는 전문가로 성장할 수 있다.

부모가 내 아이에게 상황에 따른 적절한 존중, 인정, 격려, 칭찬을 하는 것은 세상에 그 어떤 자격증보다 취득하기 어려운 자신에 관한 전문가 자격증을 취득한 성인으로 성장하게 하는 것이다.

협력은 신뢰를 성장하게 한다

사람은 어느 누구를 막론하고 자신도 모르고 있었던 모습을 발견하게 되는 때가 있다.

소극적이고 내성적인 사람이라고 생각했는데 아이의 입학식이나 운동회에서 주변 사람들을 의식하지 않고 아이의 이름을 목이 터져라 부르는 경험을 할 수도 있다. 혹은 운동회 달리기에서 결승점을 통과하는 아이의 모습을 보고 두 팔을 번쩍 들어 휘둘러볼 수도 있다.

이때 아이는 부모가 자신에게 주는 관심을 확인하고 부모는 내 아이에 대한 열정을 확인하게 되는 긍정 에너지 방출을 경험하게 된다. 이런 순간과 과정을 부모와 아이 관계에서 협력이 이뤄졌다고 표현할 수 있다.

이러한 조건 없는 협력의 과정이 반복적으로 자주 일어나면 일어날수록 부모와 아이의 관계는 많은 부분을 공감하게 되고 이런 부모에 대한 1차적 협력과 신뢰 관계의 학습은 사회의 또 다른 관계를 형성하는 데 긍정적 영향을 끼치게 될 것이다.

반면 부모인 우리가 습관적으로 하는 일상적인 것 중 하나가 협박이다. 어쩌면 가까운 관계일수록 더 많은 협박을 하고 있을 수 있다. 은연중에 의도를 관철시키기 위해 하는 협박은 아주 가벼운 것부터 중압감을 주는 무거운 것까지 다양하다.

부모가 아이에게 흔히 하는 협박으로 "숙제 안 하면 TV 못 본다", "시험 못 보면 여행 안 데려간다", "밥 안 먹으면 아이스크림 안 준다" 등이 있다. "너 그렇게만 해! 어떻게 되는지 알지?", "알아서 해" 등은 이보다 난이도 있는 일상의 협박이다. 그런데 치러야 할 대가를 가늠할 수 없는 협박들은 아이를 더 불안하게 하고 자신에게 주어진 과제에 온전히 집중할 수 없게 한다.

아이들이 부모에게 하는 협박도 있다. "휴대폰 안 사주면 공부 안 해", "친구들과 캠프 안 보내주면 학원 안 가", "피자 안 사주면 밥 안 먹어" 등이다.

이보다 좀 난이도 높은 협박으로는 "나 휴대폰 안 사주면", "여행 안 보내주면", "게임 못하게 하면" 등이 있는데 다음 행동에 대한 언질이 없는 게 특징이다.

이처럼 부모와 자녀가 주고받는 협박은 별 의미 없이 재미 삼아 던지는 것들일 수도 있다. 그러나 협박이 습관화되면 늘 양손에 떡을 쥐지 않으면 다가가지 못하는 소통의 습관을 만들게 되고 인간관계의 폭을 넓히게 되는 성인이 되어도 사람들과의 관계에서 조건을 바탕으로 관계를 형성하는 것은 물론 자신의 이기만을 우선하게 되어 새로운 관계를 형성하는 데 부정적 영향을 끼치게 된다.

아이가 하는 협박은 부모가 자녀에게 부지불식간에 해왔던 협박에 의해 학습된 행동 패턴일 가능성이 높다. 부모인 내가 하는 협박의 패턴과 내용을 변화시키지 않으면 둘의 관계는 언제까지나 협박을 통한 소통만으로 이어질지 모른다. 따라서 부모와 아이가 소통할 때 아이의 성장과 교육이라는 의도의 전달을 '협박'에서 '기대와 협력'의 내용으로 바꾸어야 한다.

"숙제 안 하면 TV 못 본다"를 "숙제하고 TV 보자!"로, "시험 못 보면 여행 안 데려간다"를 "시험 잘 보고 신나게 여행 가자!"로, "밥 안 먹으면 아이스크림 안 준다"를 "맛있는 밥 먹고 아이스크림도 먹자!"로 바꾸는 것이다. 전달의 패턴만 변화시켜도 아이와 협력적인 소통의 방식으로 전환할 수 있다.

그러기 위해 부모는 자신이 사용하는 아이와의 소통 패턴을 먼저

인지하고 수정해야 한다. 부모가 하는 아이와의 협력을 위한 부단한 노력은 내 아이가 만나게 될 미래 사회가 협력과 신뢰가 넘치는 사회가 되는 데 희망을 심는다.

Tip **부모로서 신뢰, 사랑이라는 명목으로 하는 협박**

① 나는 내 아이를 얼마나 알고 있다고 생각하는가?

② 내 아이와의 관계에서 가장 먼저 해결하고 싶은 것은 무엇인가? 5개 이상 적어보세요.

③ 해결 과제가 해결되지 않는 가장 큰 이유는 무엇인가?

④ 그 해결은 부모인 나에게 어떤 의미인가?

⑤ 내가 아이에게 하고 있는 협박들에는 어떤 것이 있는지 10개 이상 적어본다.

⑥ 내가 아이에게 하고 있는 협박의 공통점은 무엇인가?

⑦ 협박을 협력으로 수정해본다면 어떻게 수정할 수 있는가?

나는 아이에게 어떤 부모로 기억될 것인가?

누구나 남의 큰 상처보다 자신의 손톱 밑에 박힌 가시가 더 아프다. 내 손톱 밑의 작은 가시로 인해 상대 또는 아이의 가슴에 꽂힌 비수를 보지 못할 수도 있다.

아이는 세상의 그 누구보다 부모로부터의 질책과 좌절감을 주는 말에 더 큰 상흔이 남는다. 부모도 세상의 그 누구로부터 듣는 비난과 좌절감을 주는 말보다 아이로부터 듣는 말에 더 큰 상처를 받는다. 부모도 아이도 서로의 손톱 밑의 가시와 같기 때문이다.

부모가 가지고 있는 열등감, 자괴감, 지나온 과거의 시간에서 만들어진 상흔, 자신의 실수나 실패 등 돌이킬 수 없는 지난 시간들 안에 쌓인 것들이 자신이 앞으로 살아가는 삶에서 장애나 발목의 족쇄로 남아 있음을 간과해서는 안 된다.

　부모가 과거로부터 버리지 못하고 지금까지 가지고 온 삶의 장애와 족쇄를 해결하지 못하고 있는 동안 부모인 나는 현실을 살아가지 못하고 과거를 살아가게 되고 미래를 만나지 못하고 과거를 미래의 문 앞에 세워두게 된다.

　부모가 자신의 삶의 짐을 가볍게 할수록 부부 관계, 자녀와의 관계, 주변 사람들과의 관계를 회복할 수 있다. 이와 함께 그를 통해 부모와 아이 모두가 속해 있는 현재의 삶을 미래로 가는 발판으로 만들어 그 순간에 미래에 대한 더 많은 가능성과 열정을 만들어 미래로 가는 길을 함께할 수 있다.

　사회 전반의 급속한 변화가 가속화되는 시간 속에 부모와 아이 모두가 벅찬 숨을 쉬고 있다. 사회의 급변화에 자신의 몸과 삶을 싣고 어디로 향하는지도 모른 채 달려가기보다는 자신의 변화 패턴의 페이스를 잃지 말아야 한다.

　이 시대를 살아가는 모든 부모와 아이들에게 지금은 그 어느 때보다 깊고 긴 호흡을 할 때다. 불안정한 상황의 시대를 살아가고 있는 부모와 아이는 시대를 따라가기 전에 자신을 좀 더 돌이켜 살피는 시간을 가져야 한다.

이 사회를 살아가는 사람이라면 누구나 큰 숨을 들이켜고 미래의 변화를 의연하게 바라볼 수 있는 시간과 틈을 가져야 한다. 이런 시간과 틈은 상황을 선택하고 대처하는 데 사고의 명료함을 경험하게 하고 감정의 평정을 가져온다.

시대의 변화는 과거에도, 지금도 그리고 미래에도 언제나 늘 있었고 계속 존재할 것이다. 지금에만 몰입하고 불안해하는 것만으로 우리는 어떤 변화에도 대처할 수 없다.

부모는 세상의 기준에 부합하기 전에 부모로서의 기준을 만들어 가지고 있어야 한다. 그 기준은 나와 아이를 헤아릴 수 있는 마음에서부터 만들어져야 할 것이다.

부모와 아이는 더불어 살아가는 사람들이다. 우리는 매일 미래에 대한 서로 다른 꿈을 꾸고 있다. 그 꿈은 서로의 가능성들에 대한 이야기이고 이 가능성을 드러내고 드러났을 때 그 의미가 살아난다. 가능성이 밖으로 드러나면 그것은 현실이 된다. 이 현실의 시간이 쌓이면 내 아이의 가능성은 사실이 되어 아이는 세상이 자신을 변화시키기 전에 스스로가 세상을 변화시키는 시도를 하게 되어 스스로 자신의 빛을 발하게 된다. 보석의 빛처럼 말이다.

부모는 아이의 답을 가지고 있는 사람이 아니다. 호기심을 가지고 아이에게 질문을 던지는 사람이다. 부모의 아이에 대한 정확한 질문은 아이 스스로 그 답을 찾게 한다. 호기심이 가득한 부모가 아이에게 가지는 질문의 양만큼 아이는 더 많은 자신의 가치를 창출해나갈 수 있다.

지금 부모인 나는 내 아이에 대한 어떤 호기심 가득한 질문으로 부모로서 성공할 수 있는 길을 찾고 있을까? 내 아이는 먼 훗날 부모가 되어 자신의 아이에게 그런 나를 어떻게 이야기하고 있을까?

부모 교육이란 과연 무엇인가? 자녀를 어떻게 가르치고 교육해야 하는가에 앞서 부모인 내가 무엇을 해야 하는가부터 시작해야 한다. 부모로서의 자세, 마인드, 가치관, 신념 체계 그리고 부모가 된다는 것의 의미 등에 대해 먼저 알아야 한다.

세상의 모든 부모에게 응원의 메시지를 보낸다.

"세상에 실패한 부모는 없다. 오직 부모로서 성공할 수 있는 길을 찾고 있는 부모만이 있을 뿐이다."

엄마 선생님 구은미 코치가 알려주는 부모 코칭 기술

(1) 아이가 어린이집에 가기 싫다고 매일 울어요.

① 아이가 울지 않고 어린이집에 가는 날은 어떤 환경이었나요? 엄마와 주변 사람들의 언행이나 피드백, 정서 상태, 아이의 특정 상황 등을 생각해보세요.

② 어린이집을 선택할 때 아이 의견은 어느 정도 반영했나요? 아이와 입학 전에 직접 어린이집을 방문해봤나요? 방문한 어린이집의 느낌에 대한 소통 등을 생각해보세요.

③ 어린이집에 입학하기 전 적응 기간은 어느 정도였나요? 어린이집에서 부모와 함께한 시간이나, 처음 적응 단계별 시간의 배정 정도 등을 생각해보세요.

④ 아이가 어린이집에 가기 싫다고 할 때 주변에서 어떤 반응으로 대처하고 있나요? 아이에게 하고 있는 설득의 내용, 강압적 위협이나 훈육 내용 등을 적어보세요.

⑤ 어린이집을 가지 않았던 날, 아이에게 어떤 환경을 제공했나요? 어린이집과 한번 비교해보세요.

⑥ ①~⑤의 내용을 바탕으로 아이의 어린이집 적응을 위해 부모가 할 수 있는 것에는 어떤 것이 있을까요? 10개 정도 적어보세요.

⑦ 이 중 가장 효과적일 것이라고 생각하는 것부터 정리해보세요.

⑧ 아이의 적응을 위해 부모에게 어느 정도의 시간이 필요할까요?

⑨ 아이는 무엇을 느끼게 될까요?

⑩ 육아 전문가들은 당신의 노력에 대해 어떤 조언을 해줄까요?

(2) 우리 아이의 꿈이 매일 바뀌어요.

① 아이의 꿈에 대해 부모는 어떤 반응을 보였나요? 적극적으로 소통하는지 의례적으로 듣는지, 무시하고 있는지 등 생각해보세요.

② 바뀌는 아이의 꿈을 얼마나 기억하고 있나요? 부모가 기억하는 아이의 꿈 목록을 적어보세요.

③ 바뀌는 꿈과 그 이유를 아이와 소통해보았나요? 꿈이 바뀌는 이유에 대한 공통점을 탐색해보세요.

④ 아이의 바뀌는 꿈의 내용 중 부모인 내가 끼치고 있는 영향이 있다면 어떤 것이 있나요?

⑤ 꿈이 바뀌는 것이 아이의 성장과 정서에 어떤 영향을 끼치고 있다고 생각하나요?

⑥ 아이는 자신의 꿈이 바뀌는 것에 대해 무엇이라고 말하나요?

⑦ 아이가 아무런 꿈도 이야기하지 않는다면 부모로서 어떤 생각을 하게 될까요?

⑧ 아이의 매일 바뀌는 꿈에 대해 걱정하고 불안해하는 것은 누구인가요?

⑨ 부모가 걱정하고 불안해하는 이유는 무엇인가요?

⑩ 걱정과 불안 대신 아이의 꿈을 위해 부모인 나는 무엇을 할 수 있을까요?

(3) 우리 아이는 과목 편식이 너무 심해요.

① 아이가 과목 편식을 하게 된 결정적 계기는 무엇인가요? 시기도 생각해보세요.

② 아이의 과목 편식에 대해 부모는 어떻게 반응하고 있나요? 잘하는 과목에 대한 반응 양식과 그렇지 않은 과목에 대한 반응 양식을 생각해보세요.

③ 아이가 선호하지 않는 과목을 개선하기 위해 한 시도는 무엇인가요? 성공이 아닌 시도를 중심으로 찾아보세요.

④ 아이의 시도에 대해 부모는 어떻게 반응했나요?

⑤ 아이가 좋아하는 과목 또는 잘하는 과목의 특징들에는 어떤 것이 있나요?

⑥ 아이는 특별히 자신이 그 과목을 선호하거나 선호하지 않는 이유를 무엇이라고 하나요?

⑦ 잘하는 과목 또는 좋아하는 과목은 아이에게 어떤 성취감을 주나요?

⑧ 과목들의 특징과 성취감을 통해 아이는 어떤 생각을 하게 되었을까요?

⑨ 아이가 가지게 된 생각과 선호하는 과목들을 통해 경험하게 되는 것을 선호하지 않는 과목에 적용하려면 어떤 방법들을 찾아볼 수 있을까요? 10개 이상 적어보세요.

⑩ 아이가 선호하지 않는 과목을 줄이고 과목 편식을 바로잡기 위해 부모가 아이와 함께할 수 있는 환경을 만들어본다면 어떤 것들이 있을까요? 5개 이상 적어보세요. 단, 보상의 성격은 제외합니다.

(4) 아이가 스마트폰에만 푹 빠져 있어요.

① 아이가 최초로 스마트폰을 접해 시간을 할애하게 된 것은 언제부터인가요?

② 아이가 초기 스마트폰을 사용하게 된 시점에 스마트폰에 대한 사용 기준은 무엇이었나요?

③ 아이가 스마트폰에 푹 빠져 있다는 것은 정확히 스마트폰을 어느 정도 한다는 것인가요?

④ 부모가 생각하는 스마트폰의 적정 사용 정도는 어느 정도인가요?

⑤ 아이의 스마트폰 사용 용도가 주로 어떤 것들인지 알고 있나요?

⑥ 알고 있다면 특별히 그 부분에 아이가 집중하는 이유는 무엇일까요?

⑦ 아이가 스마트폰처럼 집중해서 하는 것들에는 어떤 것들이 있는지 찾아보았나요? 생각 나는 대로 모두 적어보세요.

⑧ 그중 스마트폰을 하는 것과 비교해 아이에게 좀 더 유익한 것은 무엇인가요?

⑨ 스마트폰을 대체하는 유익한 시간을 조금씩 늘리기 위해 부모가 아이와 함께 새롭게 시 도해볼 수 있는 것에는 무엇이 있을까요? 다양한 방법을 찾아 적어보세요.

⑩ 아주 작은 변화에도 인정과 지지를 보낸다면 무엇이라고 아이에게 이야기해줄 수 있을 까요? 이때 부정 단어 사용을 주의하세요.

(5) 아이가 책 읽기를 너무 싫어해요.

① 부모인 나는 아이가 어떤 책을 읽기를 원하나요?

② 책 읽는 것을 싫어한다는 것은 구체적으로 어떤 종류의 책을 말하나요? 교과서 포함 모든 서적을 대상으로 생각해보세요.

③ 책 읽는 것을 너무 싫어함에도 불구하고 아이가 읽는 책이 있다면 무엇이 있나요? 교과서 포함 모든 서적을 대상으로 생각해보세요.

④ 책 읽기를 통해 아이가 경험하게 되는 것에는 어떤 것이 있을까요?

⑤ 책을 통해 얻을 수 있는 정보나 경험을 대신할 수 있는 방법은 무엇인가요?

⑥ 아이가 책 읽기에 흥미와 관심을 가지게 하기 위해 부모가 아이와 함께 시도해본 것들에는 어떤 것이 있었나요? 생각나는 대로 적어보세요. 단, 아이의 의견을 반영해 함께한 시도를 적어보세요.

⑦ 있다면 어떤 것이었으며 얼마나 유지했었나요? 구체적으로 써보세요.

⑧ 없다면 아이의 의견을 반영해 부모가 함께 아이의 책 읽기의 흥미를 위해 어떤 것을 해볼 수 있을까요? 5개 이상 적어보세요.

⑨ 부모가 함께하는 아이의 책 읽기 경험을 통해 아이는 얼마나 변화될 수 있을까요? 가급적이면 % 수치로 표시해보세요.

⑩ 아이의 변화 가능성에 대해 부모가 믿고 있는 정도는 어느 정도인가요?

(6) 우리 아이는 집중력이 유독 부족해요.

① 아이가 무엇에 집중하기를 원하나요?

② 또래 아이들을 기준으로 했을 때 집중 정도를 나타내볼 수 있을까요? 상, 중, 하

③ 아이가 특별히 집중하는 것은 무엇인가요?

④ 그 모습을 다시 또래 아이들과 비교해본다면 어느 정도인가요? 상, 중, 하

⑤ 아이가 집중하는 것의 특징은 무엇인가요? 5개 정도 나열해보세요.

⑥ 아이가 집중하지 못하는 환경이나 대상의 특징은 무엇인가요? 5개 정도 나열해보세요.

⑦ 아이의 집중력을 늘리기 위해 어떤 특징들을 활용해볼 수 있을까요? 10개 정도 써보세요.

⑧ 10개 중 2개 정도를 골라 먼저 적용해본다면 어떤 것일까요?

⑨ 이것을 어떤 상황에 적용해보면 더 효과적일까요?

⑩ 아이를 응원할 수 있는 한마디를 만들어본다면 무엇이라고 할 수 있을까요? 아이에게
  꼭 부모님이 만드신 응원의 한마디를 전달해주세요.

(7) 아이가 폭력적이에요.

① 아이의 특징을 자유롭게 적어보세요.

② 아이가 폭력적이라고 생각하게 된 최초의 사건은 무엇인가요?

③ 아이의 폭력 대상은 주로 누구인가요? 생각나는 대로 적어보세요.

④ 아이가 폭력적일 때는 주로 어떤 상황이었나요?

⑤ 아이가 폭력적일 때 어떻게 대처하나요? 기억에 남는 대처 한 가지와 일반적인 대처 세 가지 정도를 적어보세요.

⑥ 부모의 대처에 아이는 어떻게 반응하나요? 상황 1에 대처 1로 3개 정도 적어보세요.

⑦ ①의 내용은 주로 긍정적인가요? 부정적인가요?

⑧ 부모인 내가 생각하고 바라보는 아이의 모습은 주로 어떤 모습인가요? ⑦에 투영된 부모로서의 모습을 생각해보세요.

⑨ 부모(엄마, 아빠)는 아이의 그 모습에 어떤 영향을 끼치고 있었나요? 5개 정도 적어보세요.

⑩ 부모의 무엇이 달라지면 내 아이의 모습에 긍정적인 영향을 미칠 수 있을까요? 10개 정도 적어보세요.

우리 아이 미래 생존력을 키워주는 자존감 습관

우리 아이 30일 자존감 노트

조은혜 지음 | 12,000원

어머님, 지금 올려줘야 할 것은
성적이 아니라 자존감입니다!

현직 교사인 저자가 실제 교육 현장에서 아이들을 관찰하고 학부모
와 면담하며 발견한 '자존감 습관'을 담아낸 책이다. 생생하고 풍부한
현장 경험을 바탕으로 상황별, 아이 유형별, 학년별로 어떤 습관이 필
요한지 친절하게 안내해준다. 또 학교에서 아이들과 겪은 에피소드를
중심으로 설명함으로써 부모들은 마치 상담을 받는 듯한 기분으로
편안하게 읽을 수 있다.

이 책을 통해 자신의 소중한 가치를 아는 아이, 스스로의 능력을 믿고
노력하는 아이, 어떤 상황에서도 흔들리지 않는 단단한 아이로 키우
는 방법을 배워보자.

미래를 준비하는 현명한 부모의 필독서

엄마 자격증

진이주 지음 | 13,800원

공감 대화법부터 칭찬법, 문제행동 대처법까지
현실 육아 지침 28!

'어떻게 하면 내 아이에게 더 나은 엄마가 될 수 있을까?' 육아가 서
툰 초보 엄마들을 위해 내 아이를 주도적이고 자존감 높은 사람으로
키우는 법을 알려주는 책!

부모가 되는 데 자격증이 필요하다고 하면 의아해할 수 있으나 유대
인들은 아이를 낳기 전 부모가 되는 공부를 한다. 부모로서 올바른 가
치관, 부모의 역할이 무엇인지 미리 학습하는 것이다.

이 책은 육아가 서툰 엄마들에게 20여 년간 가족 상담 전문가로 활동
해온 저자가 아이와 마음으로 대화 나누는 법, 관계를 좋게 만드는 칭
찬법, 문제 행동 대처법까지 현실적인 육아 지침을 이야기한다.

우리 아이 독서시민 만들기

한 권으로 끝내는 초등 독서법

최원일 지음 | 15,000원

**내 아이를 미래 능력자로 길러줄
학습, 재능, 인성 통합 코칭 솔루션**

현직 교사의 생생한 독서활동 보고서이자 성장 보고서, 아이들에게 평생 자산이 될 살아 있는 표준 독서법 지침서다. 14년 차 초등학교 교사인 저자는 수년간 아이들과 함께 좌충우돌 파란만장 책 읽기 항해를 거듭하여 재능과 적성을 설계해주고 인성까지 통합적으로 양성해주는 획기적인 독서법을 제안한다. 아이들의 앞날을 고민하며 길을 찾는 부모들과 교사들에게 책 읽기의 가치를 재발견하고, 그 위력을 실감할 소중한 기회가 되어줄 것이다.

아이의 인성을 키워주는 책

어른이 되기 전 꼭 배워야 할 인성 수업

박찬수 지음 | 13,000원

**"지금 내 아이에게 무엇을 가르쳐야 할까?"
4차 산업혁명 시대, 아이의 미래를 걱정하는 학부모, 교사를 위한 인성 교육 길잡이**

30여 년간 공교육과 사교육 현장에서 아이들을 가르친 저자는 공부는 잘하지만 다른 사람과 잘 못 어울리는 아이, 꿈을 찾지 못해 불안해하는 아이 등 수많은 제자를 만나고 상담하고 가르친 경험을 바탕으로 어른이 되기 전에 배워야 할 단 하나의 가르침 인성에 대해 알려준다. '해냈다'는 자신감을 얻은 마라톤, 지리산을 걷고 이별 여행을 하는 감동 스토리를 읽다 보면 자연스럽게 인성 교육 방법을 깨닫게 될 것이다.